불교란
무엇인가

불교란
무엇이 아닌가

불교란
무엇인가

불교란
무엇이 아닌가

이일야
지음

담앤북스

목 차

불교에서는 만남을 중요시한다. 그래서 옷깃만 스치는 우연한 만남에
도 의미를 부여해 인연이라고 한다. 그런데 조금 냉정하게 보면 '인연'
이란 말은 우연한 만남이 좋은 결과를 가져올 때 쓴다. 반대로 그 만
남이 좋지 않게 끝나면 악연이라고 한다. 어찌 보면 우리의 삶은 인연
과 악연이 만들어 내는 과정이 아닐까 싶기도 하다.

이 책은 우연한 만남을 계기로 만들게 되었다. 출판사 주간이 광주에
출장을 갔다가 당시 내가 기고하던 신문의 원고를 우연히 읽게 되었
다. 그리고 이메일을 통해 같이 책 작업을 해 보자고 제안했다. 그래서
기획하게 된 것이 바로 이 책이다. 우연한 만남이 한 권의 책으로 나오
게 되었으니, 이 정도면 인연이라고 해도 좋을 듯싶다.

어떤 개념이나 주제가 쉽게 정리되지 않을 때 이 문제를 푸는 좋은 방
법 중 하나는 그것과 반대편에 있는 것을 비교하는 것이다. 그러면 그
리 어렵지 않게 그 주제가 선명하게 드러난다. 이 책은 여러 주제를 비
교함으로써 불교가 지향하는 바를 드러내고자 하였다. 때로는 반대편

에 있는 입장을, 때로는 옆집에 있는 입장을 서로 비교하면서 자연스럽게 불교의 세계관과 그 속내를 보여 주고 싶었다. 1부와 2부는 불교로 주제를 한정했으며, 3부는 외연을 넓혀 종교학이라는 주제를 통해 불교를 바라보고자 했다. 모두 스무 개의 개별적인 주제를 다루었기 때문에 마음이 가는 대로 선택해서 읽어도 좋을 것이다.

불교는 어렵다는 선입견이 있는 것이 사실이다. 그래서 좀 더 쉽게 불교를 이해할 수 있도록 일상의 소소한 경험을 활용해 불교의 세계관을 보여 주려 했다. 이것은 내가 불교를 강의할 때 자주 사용하는 방식이기도 하다. 불교는 관념이 아니라 우리 삶 속에 생생하게 녹아 있다고 믿기 때문이다. 이 책을 접하는 독자 역시 불교를 관념이 아닌 자신의 실존의 문제로 생각해 읽었으면 좋겠다.

이 책은 내 삶의 모델로서 늘 닮아야겠다고 생각한 스승님이 계셨기에 나올 수 있었다. 바로 전북대학교에서 정년퇴임을 하고 순천 송광사에서 유행기遊行期의 삶을 여법하게 보내고 계신 강건기 선생님이다. 이 책은 그분께 배운 불교의 본질과 나의 사유가 합해져서 나온 결과물이다. 말로는 다 할 수 없는 감사의 마음을 전하고 싶다.

또 독자 입장에서 다양한 생각을 나눠 준 호남문화원 이준엽 원장님께도 감사의 마음을 전한다. 원고를 꼼꼼히 살펴 주면서 독려를 아끼지 않았던 최여지 선생님과 글을 쓰는 데 물심양면으로 든든한 버팀목이 되어 준 이화구 님께도 깊은 감사의 말씀을 드린다. 끝으로 우연을 한 권의 책이라는 인연으로 만들어 준 담앤북스 오세룡 사장님과 이상근 주간에게도 깊은 감사의 마음을 전하고 싶다.

불기 2558년 10월
성작산 아래 초가에서
이일야 합장

인문학과 불교

인문학이란?

요즘 인문학에 대한 관심이 뜨겁다. 우리나라 역사상 처음 있는 일이 아닐까 싶다. 그동안 '인문학의 위기'라는 말을 많이 들었기 때문인지 인문학에 대한 사람들의 관심이 낯설게 느껴지기도 한다. 인터넷 서점에 들어가 보면 '인문학'이라는 이름이 들어간 책들로 넘쳐 난다. 문학이나 철학은 말할 것도 없고 심리학, 건축학 등 다양한 분야의 책들이 인문학이라는 이름으로 사람들에게 소개되고 있다. 철학을 공부한 사람으로서 이러한 현상이 반갑지 않을 리 없다.

그런데 달리 생각하면, 이러한 현상이 꼭 반가운 일만은 아닌 듯 싶다. 왜냐하면 인문학에 대한 관심이 삶의 위기에서 비롯한 것이라고 생각하기 때문이다. 지난 대선 때 한 후보는 오늘날 한국 사회를 진단할 수 있는 키워드로 자살률과 출산율을 들었다. 세계 10위권을 넘나드는 경제 강국이지만 자살률은 선두를 달리고, 출산율은 최하위를 달리는 오늘의 현실을 어떻게 읽어야 할까? 높은 자살률은 과거와 현재의 삶이 고통이었음을 보여 준다. 낮은 출산율은 앞으로 태어날 아이들의 미래 역시 행복하기 힘들다는 것을 보여 준다. 결국 이 두 지표는 현재와 미래 모두 행복한 삶과는 거리가 먼 우리 사회의 현실을 적나라하게 보여 주는 것이다.

최근에 일어난 세월호 참사는 우리 사회의 맨얼굴을 있는 그대로 드러냈다. 그동안 경제발전과 민주화라는 두 마리 토끼를 동시에 잡았다는 외부 세계의 평가가 얼마나 허울 좋은 소리였는지 여실히 드러난 것이다. 그래서 사람들은 '이렇게 살아도 되는 것일까?', '내가 지금 뭐 하고 있는 거지?'라는 본질적 질문을 던지는 것이다. 말하자면 삶의 위기를 스스로 느끼는 것이다. 이런 삶의 위기가 인문학에 대한 관심으로 이어진 것이다. 지금의 상황이 반갑지만은 않은 이유도 여기에 있다. 차라리 삶이 아니라 인문학이 위기에 처하는 편이 낫겠다는 생각이 들기도 했다. 어쩌면 삶의 위기와 인문학은 같은 운명인지도 모를 일이다.

그렇다면 사람들이 관심을 두는 인문학은 어떤 학문일까? 학문 science은 탐구의 대상에 따라 여러 분야로 나뉜다. 자연 현상을 탐구의 대상으로 삼아 실험이나 관찰 등의 방법으로 연구하면 자연 과학이 되고, 그 대상이 인문 현상이라면 인문 과학 또는 인문학이라고 한다. 예컨대 사과가 나무에서 떨어지는 것은 자연 현상이고, 사람들이 하는 생각과 살아가는 모습은 인문 현상이다. 인문학은 자연이 중심인 학문이 아니라 사람이 중심인 학문이다. 그래서 인문학은 인간이란 무엇이며, 인간다운 삶이란 어떤 것인가를 모색하는 학문이라 할 수 있다.

이와는 달리 인문학을 신학과의 관계에서도 이해할 수 있다. 서구 중세 사회는 '신'이라는 관념idea이 지배한 시대였다. 그러나 근대 이후 사람들은 신 중심의 이념으로는 새로운 시대를 이끌어갈 수 없다는 자각을 했다. 이를 대변하는 말이 그 유명한 니체의 '신은 죽었다.'는 선언이다. 이는 정말로 신이 죽었다는 것이 아니라 새로운 시대는 신이 아니라 인간이 중심이 되어야 한다는 것을 의미한다. 인간 중심의 사유, 즉 인문학이 중심이 된 것이다.

이처럼 인문학은 자연 과학이나 신학과의 관계에서 이해할 수 있다. 그러나 이와는 조금 다른 방향에서 접근하는 것도 가능하다. 인문이라고 할 때 '문文' 자에는 무늬, 문양이라는 의미가 있다. 이 의미를 살린다면 인문학은 사람人의 몸짓文을 이해하는 공부學라고 할 수 있을 것이다. 우리는 누구나 자신의 생각을 말이나 몸짓 등을 통해 다른 사람에게 전달한다. 자신의 진심이 상대에게 제대로 전달되면 문제가 없지만, 그러기가 어디 쉬운 일인가? 때로는 말주변이 없어서 자신의 마음을 전달하지 못하며, 때로는 자신의 생각과는 다르게 행동하고 말하기도 한다. 따라서 그 사람의 몸짓과 말을 통해 속내를 읽어 내는 공부가 필요하다. 그것이 바로 인문학이라는 것이다.

인문학을 이렇게 이해하게 된 계기가 있다. 어느 날 텔레비전으로 프로야구를 보고 있었다. 그런데 젊은 여성 팬이 응원 문구가 적힌 피켓을 든 모습이 카메라에 포착되었다. 그 피켓에는 이렇게 쓰여 있었다.

"이종범이라고 쓰고 신이라고 읽는다."

이 문구를 보는 순간 나도 모르게 '아!' 하는 탄성이 입에서 흘러나왔다. 어쩌면 그 여성 팬에게 이종범 선수는 또 다른 의미로 다가왔는지 모를 일이다. 사람들은 살아가면서 받게 되는 아픔이나 상처를 어떤 절대적인 존재에게 의존함으로써 위로를 받고 치유를 하기도 한다. 종교가 존재하는 이유이기도 하다. 이 여성은 이종범 선수의 플레이를 보면서 위로를 받고 또 그 선수가 다쳤을 때는 울기도 했을 것이다. 신도에게 종교가 자기 삶의 일부인 것처럼, 그녀에게도 이종범 선수의 플레이는 삶의 일부가 아니었을까? 그래서 '이종범'이라는 언어는 그녀에게 야구 선수 이상의 의미로 다가온 것이 아닐까 싶다. '이종범'이라는 몸짓이 그녀에게는 '신'이라는 의미로 다가온 것이다. 적어도 내게는 그렇게 읽혔다.

이를 통해 인문학은 말이나 몸짓을 통해 그 사람의 속내를 이해하는 공부라는 생각을 하게 되었다. 하나의 예를 들어 보자. 2013년 사람들에게 많은 인기를 모은 〈응답하라 1994〉라는 드라마가 있다. 여기에는 여성들의 말을 이해하지 못하는 남성들의 행동을 묘사하는 장면이 나온다. 드라마 속 한 여대생이 친구인 남자들에게 이런 질문을 한다. '새로 이사한 집에서 문을 열면 매연 때문에 죽을 것 같고 문을 닫으면 페인트 냄새 때문에 머리가 깨질 것만 같은데, 이런 때는 뭐라고 반응하겠느냐?' 극 중 남자들 대부분은 '문을 열든가 아니면 문을 닫아야 한다.'는 대답밖에 하지 못했다. 그런데 이와 다르게 대답한 친구가 있었다. 그의 대답은 '그런데 너 괜찮아?'였다. 그제야 여학생은 만족스러운 표정을 짓는다. 질문을 한 여자는 매연이나 페인트 냄새와는 관계없이 지금 자신이 아파서 위로가 되는 대답을 듣고 싶었던 것이다. 이것이 질문에 담긴 진짜 속내였던 것이다.

이런 일은 우리 일상에서 흔히 일어난다. 추운 겨울 한 부부가 길을 걷는데 부인이 '아이, 추워.'라고 말하자 남편이 자신이 입은 재킷의 지퍼를 위로 올렸다는 우스갯소리가 있다. 부인의 '춥다.'는 말과 몸짓은 그냥 춥다는 의미가 아니다. 추우니까 옷을 좀 벗어주든지, 아니면 따뜻한 곳으로 들어가자는 뜻이다. 그런데 남편은 그 몸짓의 속내를 읽지 못한 것이다. 이처럼 몸짓과 속내는 간극이 있기 마련이다. 상대가 '아이, 추워.'라고 말하면 '옷을 벗어줘.'라고 읽을 줄 아는 것, 그것이 곧 인문학적 감성이라 할 것이다. 그냥 '추우니까 옷 좀 벗어줘.'라고 말하면 될 것을 왜 굳이 그렇게 하는지 모르겠다고 하는 남자들이 있다면, 아직 여성을 제대로 이해할 준비가 되지 않았다고 생각하면 될 것이다.

불교에 접근하는 두 가지 길

인문학은 일종의 자기 성찰학이라고 할 수 있다. 자신과 세계에 대한 성찰을 바탕으로 어떻게 살아야 할까를 모색하는 공부이기 때문이다.

불교도 이런 성찰을 바탕으로 하지 않는다면 자칫 왜곡된 신앙으로 흐르기 쉽다. 불교가 자신의 안위나 경제적 이익을 구하는 기복 불교로 흐르는 것은 바로 나와 세계에 대한 진지한 성찰이 결여되었기 때문이다. 인문학적 차원에서 불교를 접근하는 것이 중요한 이유도 바로 여기에 있다.

자신을 성찰하기 위해서는 먼저 스스로에게 솔직해야 한다. 그런데 이것이 그리 만만한 일이 아니다. 우리는 어릴 때부터 자신에게 솔직하지 못한 삶을 살아왔기 때문이다. 부모님이나 선생님의 눈치를 보면서 그들이 원하는 삶을 살려고 애쓴 것은 아닌지 돌아볼 일이다. 프랑스 정신 분석학자 라캉Jacques Lacan, 1901~1981은 "인간은 타인의 욕망을 욕망한다."고 하였다. 즉 나의 욕망이 아니라 다른 사람이 원하는 것을 욕망하게 된다는 것이다. 예컨대 어린아이는 어머니가 원한다고 생각하는 것을 자신도 원한다. 공부를 잘해야 하는 것이나 모범생이 되는 것도 나의 욕망이 아니라 어머니의 욕망에 자신을 맞춘

것이다. 그러다 보니 자신이 무엇을 원하는지를 모르게 되고 자꾸 다른 사람의 눈치를 보면서 그들의 욕망에 맞춰 가는 삶을 사는 것이다. 자신을 솔직하게 바라보는 일이 그래서 어려운 것이다.

우리는 자신에게 가장 솔직해야 될 일기장에도 거짓말을 한다. 엄마나 선생님이 일기장을 검사하기 때문에 자신이 원하는 것을 솔직하게 적지 못한다. 엄마의 욕망과 다르면 혼날 수 있다는 두려움이 있는 것이다. 이런 면에서 볼 때 어른이 아이 일기장을 검사하는 일은 정말이지 하지 말아야 한다. 자신에게 솔직할 기회를 박탈하는 아주 비교육적인 행태이기 때문이다.

자신에게 솔직하기 어려운 또 다른 이유는 두렵기 때문이다. 초라한 나의 모습이 드러나지 않을까 두려운 것이다. 마치 매일 화장하는 여성이 맨얼굴로 사람을 만나는 것을 두려워하는 것과 같다. 그래서 자신에게 솔직할 수 있는 용기가 필요하다. 그럴 때 우리는 당당할 수 있다. 인문학은 자신을 솔직하게 성찰하고 당당하게 살 수 있는 힘을 준다. 때로 한 편의 시가 사람을 변화시킬 수 있는 것도 바로 이 때문이다.

불교에 접근하는 데는 두 가지 길이 있다. 하나는 믿음信이고 다른 하나는 이해解이다. 이를 합쳐 신해信解라 한다. 이 말은 본래 화엄의 수행 체계인 신해행증信解行證에서 나온 것이다. 바르게 믿고 이해信解하며, 이를 바탕으로 수행行을 했을 때 비로소 증득證할 수 있다는 것이다. 그러나 신해는 화엄을 떠나 불교 전체를 관통하는 용어로 이해해야 한다. 불교의 모든 가르침은 바른 이해와 믿음에서 시작되기 때문이다.

송宋나라 고승으로 알려진 영명 연수永明延壽, 904~975는 『유심결唯心訣』에서 이렇게 말하였다.

> "믿음만 있고 이해가 없으면 무명이 더욱 자라고信而不解 增長無明, 이해만 있고 믿음이 없으면 삿된 견해가 더욱 자란다解而不信 增長邪見."

믿음이 종교적 신앙이라면 이해는 인문학적 사유라 할 것이다. 이 둘이 조화를 이룰 때信解相兼 비로소 바른 불교의 모습을 갖출 수 있다. 믿음만 강조되면 불교가 왜곡된 신앙으로 흐를 수 있고, 반대로 이해만 강조되면 실제적인 삶의 변화를 이끌 수 없기 때문이다. 따라서 신앙과 인문학은 불교라는 새의 양 날개에 해당한다고 할 수 있다. 어느 한쪽 날개라도 꺾이면 불교라는 새는 날지 못하고 추락하게 된다. 둘의 균형과 조화가 중요한 이유도 바로 여기에 있다.

이 책은 인문학적 이해를 바탕으로 불교 아닌 것과 불교인 것을 대조함으로써 불교의 세계관을 분명하게 제시하고자 한다. 그럴 때 비로소 바른 신앙도 나올 수 있다고 믿기 때문이다.

모두 스무 가지 주제를 중심으로 비교했는데, 때로는 두 주제가 건너편에 있기도 하며 때로는 바로 옆 동네에 있기도 하다. 처음부터 읽으면 좋지만 각 주제마다 독립적으로 쓴 글이기에 평소 관심 있던 주제를 골라 먼저 읽어도 책 내용을 이해하는 데 무리가 없을 것이다.

이 작은 인연을 통해 불교에서 지향하는 세계관이 드러나기를 기대
해 본다.

세계를 바라보는 시선은 여럿일 수 있으나, 크게 보면 세계를 둘로 보느냐 하나로 보느냐로 구분할 수 있다. 전자가 이원론二元論이라면 후자는 연기론緣起論이라 할 수 있다. 후자는 불교식 표현이다. 어떠한 세계관을 수용하느냐에 따라 삶의 내용과 의미가 결정될 수 있다는 점에서 이는 매우 중요하다. 세계를 극복과 정복의 대상으로 볼 수도 있고, 더불어 존재하는 공존과 평화의 대상으로 볼 수도 있다. 그에 따른 결과는 너무도 다르게 나타난다.

1부

열린 세계

01

홀로일 수 없는
세계

이 원 론　**vs**　연 기 론

딸기와 벌 이야기

몇 년 전 시골로 몸을 옮겼다. 몸을 옮긴 이유는 단순하다. 내가 좋아
하는 벗이 시골에 터전을 잡았기 때문이다. 친구 따라 강남 간다고 했
던가. 그런 셈이 되었다. 민주화의 열망으로 몸살을 앓아야 했던 1980
년대 대학 시절 학생운동을 치열하게 했으며, 이후에는 노동운동을
했던 친구다. 그 친구가 어느 순간 귀농을 하게 되었다. 땅을 삶의 터
전으로 삼아 살아가게 된 것이다.

그즈음 내가 살던 아파트가 재건축을 하게 돼 어디로든 이사를 해야 했다. 어디로 몸을 옮길까 생각하다가 친구가 시골로 갔다는 소식을 듣고 나도 무작정 그쪽으로 발길을 돌렸다. 오래 전부터 시골에서 살고 싶다는 소망이 있었는데, 우연치 않게 그 작은 소망을 이룬 것이다. 농사짓는 벗이 가까이 사는 덕에 쌀과 보리는 말할 것도 없고 겨울에는 딸기, 여름에는 수박 등 과일도 잘 얻어먹으며 산다.

　　그 친구의 비닐하우스 농장을 처음 찾아갔을 때의 일이다. 비닐하우스 안으로 들어서자 하얀 빛깔의 작고 예쁜 꽃들이 여기저기 피어 있었다. 처음 보는 꽃이었는데, 알고 보니 딸기 꽃이었다. 그런데 갑자기 벌 몇 마리가 내게 달려들었다. 순간 너무 놀라서 그 자리를 피했다. 어린 시절 벌에 쏘여 엉엉 울었던 기억이 있는데, 당시 할머니께서 벌에 쏘여 부풀어 오른 내 이마에 된장을 발라 주셨다. 그 기억이 내 안의 작은 트라우마로 남아 있었던 것이다. 비닐하우스 밖으로 도망쳐 나오는데, 내 눈에 무언가가 들어왔다. 딸기 밭 안에 그 녀석들이 모여 사는 벌통이 자리를 잡고 있었다.

　　딸기 밭을 나와 친구에게 왜 벌통이 안에 있는지 물어보았다. 대답보다 먼저 들려 온 말은 '무식한 놈'이라는 핀잔이었다. 딸기 밭 안에 벌이 있어야 꽃들이 수정을 하고 열매를 맺는 이치도 모르냐는 것이었다. 그 순간 머리를 한 대 얻어맞은 느낌이었다. 벌과 딸기의 연관성을 전혀 인식하지 못한 나 자신이 한심했기 때문이다. 그저 벌통에서는 꿀이 나온다는 생각만 하던 나는 친구 말대로 세계에 대해 무식했던 것이다.

왜 나는 벌과 딸기를 '더불어' 생각하지 못했을까? 그날 집으로 돌아와 곰곰이 내 자신을 들여다보았다. 저 무의식 깊은 곳에 어떤 놈이 자리하고 있었다. 눈에 보이는 것들이 각자 따로따로 존재한다고 생각하는 한심한 놈이 졸린 눈을 하고 앉아 있었다. 눈을 크게 뜨고 찬물로 세수를 하였다. 무명無明이라는 잠에서 깨어나 맑은 정신으로 세상을 보자 하면서 말이다.

나와 세계가 둘이라고?

세계를 바라보는 시선은 여럿일 수 있으나, 크게 보면 세계를 둘로 보느냐 하나로 보느냐로 구분할 수 있다. 전자가 이원론二元論이라면 후자는 연기론緣起論이라 할 수 있다. 후자는 불교식 표현이다. 어떠한 세계관을 수용하느냐에 따라 삶의 내용과 의미가 결정될 수 있다는 점에서 이는 매우 중요하다. 세계를 극복과 정복의 대상으로 볼 수도 있고, 더불어 존재하는 공존과 평화의 대상으로 볼 수도 있다. 그에 따른 결과는 너무도 다르게 나타난다.

먼저 이원론의 특성을 간단히 정리해 보자. 첫째, 이원론은 인간과 세계를 둘로 바라본다. 여기서 세계는 존재하는 모든 것everything 을 의미한다. 인간은 인식 주체이고 세계는 객관 대상이다. 이 둘은 보는 자와 보이는 대상으로서 각각 독립적이고 대립적이다. 이것이 전통적인 서구식 세계관이다.

둘째, 이원론은 모든 것을 대립적으로 보기 때문에 상대는 극복과 정복의 대상으로 존재한다. 옛날부터 서구인은 자연을 극복하지 않으면 안 될 대상으로 여겨 왔다. 눈앞에 보이는 저 산들과 강들이 인간이 서로 오고 가며 소통하는 데 장애가 된다고 생각해 그것을 어떻게 극복할 것인가를 늘 생각해 왔다. 서구의 역사는 그 극복과 정복의 과정이라 해도 과언이 아닐 것이다.

셋째, 이원론은 자연을 극복과 정복의 대상으로 여기다 보니 인간의 행복이 그것을 지배할 때 찾아온다고 생각한다. 자연을 정복하면 인간에게 편리한 것을 많이 얻을 수 있기 때문이다. 산을 깎아 도로를 만들면 인간이 편리하게 교통할 수 있는 것처럼 말이다. 오늘날 우리가 누리는 문명은 그러한 세계관의 결과라 할 것이다. 이러한 세계관을 극명하게 보여 주는 예가 있다. 영국 정치가이자 철학자 프란시스 베이컨Francis Bacon, 1561~1626은 이렇게 말했다.

"방황하고 있는 자연을 사냥해서 노예로 만들어 봉사하도록 해야 한다."

이 얼마나 섬뜩한 말인가. 자연을 방황하는 존재로 생각한 것도 놀랍지만, 자연을 노예를 만들어야 한다는 사유는 또 얼마나 야만적이고 폭력적인가. 여기에는 이성이라는 강력하고 세련된 무기를 지닌 인간이 자연을 정복해서 바다의 고기와 하늘의 새를 지배하면 행복할 수 있다는 믿음이 담겨 있다. 실제로 우리의 문명은 그렇게 흘러왔다. 그래서 지금과 같은 물질적 풍요를 누리지만, 그로 인해 인간과 생태계가 감당해야 하는 상처는 또 얼마이던가. 지배와 복종이 따를 수밖에 없는 이원론이 낳은 결과라 아니 할 수 없다.

이원론은 우리가 흔히 아는 과학에도 교묘히 숨겨져 있다. 고등학교 시절 배운 에너지 보존 법칙이라는 것이 있다. 흔히 열역학 제1법칙으로 불리는데, 세계에 어떤 물리적 변화가 있더라도 에너지의 전체 양은 변하지 않는다는 것이다. 쉽게 말하면 얼음이 녹아서 물이 되거나 물이 수증기가 되어도 에너지는 변하지 않고 보존된다는 것이다. 인간이 숲을 모두 없애고 그곳에 호텔을 지어도 에너지는 보존되며, 지구에 남아 있는 화석 연료를 모두 사용해도 우주 전체의 에너지는 변하지 않는다.

그러나 아름다운 해변에 펼쳐진 숲을 모두 파헤치고 호화로운 건물을 세움으로서 인간은 거대한 태풍에 속수무책일 수밖에 없었다. 과거에는 육지로 넘어오는 거대한 물세례를 숲이 흡수해 인간의 삶을 보호하는 역할을 해 왔는데, 그 보호막이 사라진 탓이다. 또 석유나

불교란 무엇인가 불교란 무엇이 아닌가

석탄, 가스를 모두 사용하면 우리는 추운 겨울을 따뜻하게 보낼 수 없다. 한 번 사용된 에너지는 절대 다시 사용할 수 없는 것이 엄연한 현실이다.

인간의 삶을 풍족하게 한다는 명분 아래 인간은 자연을 지배해 왔다. 그 자연에 어떠한 해를 가해도 우주의 전체 에너지는 보존될 것이다. 그러나 인간의 삶이 온전히 보존될 수 있을까? 그럴 수 없을 것이다. 세계를 지배와 정복의 대상으로 보는 이원론을 수용할 수 없는 이유도 바로 여기에 있다.

오늘날 자연과 생태계가 파괴되고 그로 인해 인류의 생존이 심각한 위협을 받는다는 것은 더 이상 설명할 필요가 없을 것이다. 개발과 환경 보존이라는 갈등으로 몸살을 앓는 우리의 모습을 볼 때마다 인간과 세계를 둘로 보는 뿌리 깊은 이원론을 생각하지 않을 수 없다. 인간과 자연을 둘로 보는 이상 생태계 파괴는 더욱더 속도를 낼 것이고 우리의 삶은 피폐해질 수밖에 없다. 새로운 세계관, 대안적 세계관이 필요한 이유다.

더불어 존재하는 세계

불교는 이원론이 아니라 하나인 세계관, 즉 연기론을 지향한다. 연기론의 특징을 간략히 정리해 보자. 먼저 연기론은 모든 것을 하나로 보는 세계관이다. 세계는 단순히 인간의 객관 대상으로서 존재하는 것이 아니라, 나와 더불어 존재한다는 것이다. 그것이 붓다가 통찰한 존재의 실상이다.

둘째, 연기론은 세계를 정복의 대상이 아니라 조화와 공존의 관계로 바라본다. 마치 몸은 하나인데 머리는 둘인 공명조共命鳥처럼 말이다. 한쪽 새가 죽으면 다른 새도 죽을 수밖에 없는 것처럼, 인간과 자연은 공존의 관계를 맺고 있다고 본다. 실제로 자연의 도움 없이 우리는 한순간도 살 수 없다. 물과 공기가 없다고 생각해 보라. 인간과 세계는 운명을 함께 하는 공동체일 수밖에 없다는 것이 연기론적 시각이다.

셋째, 연기론에서 본 인류의 행복은 자연을 정복하는 것이 아니라 함께하는 데서 찾아오는 것이다. 자연은 정복의 대상이 아니라 공존의 대상이기 때문이다. 따라서 인류의 행복은 자연과 어떻게 조화를 이루는가에 따라 결정된다고 할 수 있다. 왼손이 아프면, 오른손이 치유해 줘야 한다. 왼손이라는 자연이 치유돼야 오른손이라는 인간의 삶도 행복할 수 있다. 둘은 한 몸이기 때문이다.

이러한 세계관은 붓다의 근본 가르침 곳곳에 녹아 있다. 붓다는 젊은 시절 '이 세계는 어떻게 존재하는 것일까?' 하는 문제의식을 풀고자 화려한 왕궁 생활을 버리고 고행의 길을 택한다. 그리고 치열한 자기 성찰 끝에 그 해답을 찾고 모든 의혹을 떨쳤다. 바로 불교의 핵심이라 할 수 있는 연기의 진리를 알았기 때문이다. '연기를 보면 진리를 본 것이요, 진리를 보면 연기를 본 것이다.'라고 할 정도로 연기는 붓다의 세계관을 알 수 있는 중요한 열쇠가 된다.

연기緣起란 말은 원래 빨리어로 '말미암아'라는 의미의 '파티차 paticca'와 '일어난다'는 뜻의 '사무파다 samuppada'가 결합된 합성어다. 즉 존재하는 모든 것은 서로 말미암아 일어난다는 뜻이다. 이 연기의 진리를 붓다는 아주 간결하게 설명한다.

> 이것이 있음으로 말미암아 저것이 있고 此有故彼有
> 이것이 생기므로 말미암아 저것이 생긴다. 此起故彼起

흔히 연기의 공식이라 일컬어지는 이 구절에는 붓다가 통찰한 세계의 참 모습이 잘 그려져 있다. 이 말은 모든 것은 시공간적으로 서로 더불어 존재한다는 것을 의미한다. 먼저 '이것이 있음으로 말미암아 저것이 있다.'는 구절은 연기를 공간적으로 관찰한 것이다. 이것을 딸기와 벌에 비유하면, 벌이 있음으로 말미암아 딸기가 있다는 것이 된다. 만약 친구의 딸기 밭에 벌이 없다면 나는 맛있는 딸기를 먹을 수 없을 것이다. 벌이 없으면 딸기 꽃이 수정을 할 수 없기 때문이다. 따라서 벌과 딸기는 서로 떼려야 뗄 수 없는 깊은 연기적 관계에 있다. 이것이 우리 눈앞에 보이는 세계의 참다운 모습임을 붓다는 통찰한 것이다.

이러한 관계를 붓다는 볏단에 비유했다. 서로 마주 세워 놓은 볏단처럼 모든 존재는 서로 의지하면서 존재한다는 것이다. 볏단 하나가 쓰러지면 다른 볏단도 쓰러지듯 모든 것은 서로 더불어 존재할 수밖에 없다. 조금 과장해서 말한다면 서로는 서로가 존재하는 이유이자 근거가 된다는 것이다. 그러니 어찌 사랑하지 않을 수 있겠는가.

다음으로 '이것이 생기므로 말미암아 저것이 생긴다.'는 구절은 연기의 진리를 시간적으로 관찰한 것이다. 즉 모든 존재는 시간적으로 서로 더불어 존재한다는 것이다. 예를 들어 지금 읽는 이 책은 종이로 만들어졌다. 그런데 이 한 장의 종이가 만들어지기까지 수많은 인연이 시간적으로 관계를 맺는다. 먼저 태양과 먹구름, 비 등이 서로 관계를 맺는다. 햇빛이 잘 비추고 때로는 먹구름이 몰려와 비가 적절히 내려야 나무가 잘 자란다. 잘 자란 원목으로 종이를 만들어 이렇게 책으로 나올 수 있는 것이다. 이 한 장의 종이에는 나무를 자르기 위해 흘린 이름 모를 노동자의 땀방울도 담겨 있다. 따라서 종이 한 장에서 태양과 비뿐만 아니라 벌목하는 이의 마음까지도 볼 수 있어야 한다는 것이 붓다가 통찰한 연기의 의미다.

쌀을 가리키는 한자로 쌀 미米 자가 있다. 이 한자를 풀어 보면 88 八十八이란 숫자가 나온다. 여든여덟 번의 손길이 닿아야 쌀 한 톨을 생산할 수 있다는 뜻이다. 쌀 한 톨에는 수 없이 많은 땀방울과 인연이 서로 얽히고설켜 있다. 태양과 구름, 비는 물론이요 태풍에 쓰러진 들판을 바라보는 농부의 깊은 한숨도 담겨 있다. 어디 그뿐이겠는가? 한미 간 혹은 한중이 맺은 자유무역협정FTA으로 생존을 걱정해야 하는 농부의 깊은 시름도 담겨 있다. 쌀 한 톨의 소중함을 잊어서는 안 되는 이유가 바로 여기에 있다.

이처럼 붓다의 가르침은 나와 세계를 둘로 보는 것이 아니라 서로 깊은 관계 속에서 존재하는 '하나'로 파악한다. 그것을 나타내는 말이 바로 동체자비同體慈悲다. 나와 너, 나와 세계는 둘이 아니라 서로 한 몸同體이기 때문에 기쁠 때 함께 기뻐하며慈 슬플 때 함께 슬퍼하는悲 것이다. 여기서 동체는 바로 연기의 진리를 가리킨다. 참다운 자비는 서로가 둘일 때는 불가능하다. 하나일 때 비로소 진정한 사랑이 나온다는 것이 붓다의 가르침이다. 이러한 연기론은 생태계 파괴로 인류의 생존을 걱정해야 하는 오늘날 우리가 선택할 수 있는 유일한 대안이다.

나는 벌과 딸기의 연기적 관계를 사유하지 못한 자신이 한심하고 부끄러웠다. 그래서 연기에 대해 강의할 때마다 이 이야기를 한다. 스스로를 성찰하기 위함이다. 올겨울에도 나는 벗의 농장에서 맛있는 딸기를 따먹을 것이다. 이번에는 벌에게 그동안 하지 못한 인사를 해야겠다. 너 때문에 내 입이 호강하게 돼 고맙다고 말이다. 언제부터인지 모르겠는데, 딸기 밭에 들어가도 더 이상 벌이 무섭지 않다. 참으로 신비한 일이다.

02

불교는
허무주의인가?

허무　**vs**　무상

야마와 야미 이야기

허무나 무상無常이란 말을 언제 가장 많이 하고 또 듣게 될까? 아마도
상갓집에 다녀올 때가 아닐까. 바로 어제까지 멀쩡했던 벗이나 이웃
이 갑자기 죽었다는 소식을 들으면 우리는 깜짝 놀란다. 그리고 문상
을 다녀오면서 '인생 참 무상해.'라고 말한다. 그리고 보면 우리 삶이
참으로 덧없는 것인지도 모를 일이다.

　　그래서인지 무상이란 말에는 밝은 면보다는 어두운 면이 더 많이

담겨 있다. 이 말을 들으면 왠지 우리 삶이 슬퍼지고, 유한할 수밖에 없는 우리의 실존 앞에 한없이 우울해진다. 마침 스산한 가을날이라면 그런 느낌이 더욱 크게 다가온다. 언젠가 죽을 수밖에 없는 운명 앞에 당당할 수 있는 사람이 과연 얼마나 되겠는가?

고타마 싯다르타가 출가를 결심하게 된 최초의 계기도 이런 것이었다. 그가 성문 밖으로 나갔을 때 마주한 사람은 바로 늙은 사람과 병든 사람 그리고 죽은 사람이었다. 왕자로서의 화려함도 그 앞에서는 소용없었다. 동행한 하인에게 '나도 언젠가는 늙고 병들어 죽게 되느냐?'고 묻자 하인은 눈치도 없이 '그 누구도 예외일 수 없다.'고 딱 잘라 말한다. 이때 느낀 무상함과 허무함은 그의 온 인생을 바꿔 놓고 만다. 왕자의 신분을 버리고 무상함의 실체를 찾아 집을 나왔으니 말이다.

고대부터 인도에서 전해지는 이야기가 있다. 바로 야마와 야미 이야기다. 성경에서는 아담과 이브가 최초의 인류로 묘사되지만 인도에서는 이들이 최초의 인류다. 그런데 어느 날 갑자기 야마가 죽고 말았다. 늘 함께했던 남편이 죽자 야미의 슬픔은 말로 할 수 없을 정도로 컸다. 그래서 그녀는 항상 '오늘 야마가 죽었네.'를 외치면서 하염없이 울기만 했다.

이를 지켜본 여러 신은 야미가 너무 불쌍해서 차마 볼 수가 없었다. 그래서 그녀를 위로하기 위해 신들이 모이게 되었다. 이른바 '야미 달래기 대책 회의'가 열린 것이다. 신들은 이마를 맞대고 어떻게 하면 야미의 슬픔을 달랠 수 있을까를 고민했다. 회의 결과 신들은 야미를 위해 밤을 만들기로 결정했다. 당시에는 밤은 없고 낮만 있었다.

이렇게 밤이 만들어지면서 작은 변화가 시작되었다. 낮만 있던 오늘은 밤이 지나고 새로운 아침이 밝아오자 어제가 되었던 것이다. 그러자 야미는 '어제 야마가 죽었네.' 하면서 슬퍼했다. 다음 날이 되어서도 야미는 '그제 야마가 죽었네.' 하면서 울었다. 그렇게 일주일, 한 달이라는 시간이 흐르자 어느 순간 야미의 슬픔이 사라지게 되었다. 그저 밤을 만들어 준 것뿐인데, 신들의 야미 달래기가 성공한 셈이 되었다. 야미의 슬픔이 사라진 비밀은 어디에 있을까?

허무하다는 것

역사적으로 '영원히 존재하기'를 바란 인물이 여럿 있다. 진시황은 영원히 살기를 바라면서 불로초를 구했다. 일명 도사로 불리는 이들은 불로장생不老長生을 외치며 금단金丹을 비롯해 온갖 약을 만들어 복용하기도 했다. 그들은 과연 늙지 않고 오래 살았을까? 우스운 얘기지만 오래 살고자 금단을 복용한 사람들은 오히려 일찍 죽었다고 한다. 바로 수은 중독 때문이다. 오래 살려는 욕심이 화를 부른 셈이다. 이처럼 영원성을 소망하는 것은 어찌 보면 유한할 수밖에 없는 인간의 본능이 아닐까 싶다.

우리의 삶이 영원할 수 없다고 생각하는 순간 우리는 허무라는 감정에 쉽게 사로잡힐 수 있다. 지금 눈앞에 핀 아름다운 꽃들도 시간이 지나면 모두 질 것이고, 건강한 나의 신체도 시간이 지나면 늙고 병들어 마침내 한줌의 재로 돌아갈 것이다. 이를 생각하면 인생의 허무함을 느끼는 것은 어쩌면 당연한 일이다.

그래서일까? 실존주의를 외친 철학자들의 문제의식도 인생의 무의미함에서 출발한다. 알베르 카뮈Albert Camus, 1913~1960의 유명한 소설『이방인』의 주인공 뫼르소가 권총으로 사람을 쏜 것도 그저 햇볕이 따가웠기 때문이며, 장 폴 사르트르Jean Paul Sartre, 1905~1980는 어떤 목적을 갖고 태어난 것이 아니라 그저 우연히 이 세상에 던져졌다는 나의 실존 앞에『구토』를 느낄 수밖에 없었다. 이들 소설의 근저에는 삶의 허무함과 무의미함이 자리 잡고 있다. 그래서 그들 철학의 중심에는 모두 삶의 무의미함을 어떻게 극복할 것인가 하는 문제가 있다.

이처럼 허무라는 감정은 삶이 무의미하게 느껴질 때 찾아온다. 삶의 유한성을 생각하면 모든 것이 덧없게 느껴지며 그래서 매우 허전하고 쓸쓸해진다. 그렇게 되면 전통적인 사상이나 이론은 말할 것도 없이 기존의 지식이나 규범 등 모든 가치를 부정하게 된다. 이것이 바로 허무주의로 불리는 사유 체계다.

붓다가 살았던 당시에도 삶의 영원성을 추구하는 사람들과 삶이 그저 덧없다고 느끼는 사람들 간의 의견이 팽팽했던 것 같다. 불교에서는 전자를 상견常見이라 하고 후자를 단견斷見이라 한다. 상견은 우리의 육체적 삶이 끝난다 해도 우리의 자아는 불멸한다는 믿음을 기초로 한다. 왜냐하면 죽어서도 소멸하지 않는 영원한 자아, 즉 아트만āman이 실재한다고 믿기 때문이다. 반면 단견은 우리의 삶은 순간적으로 생겼다 사라지는 아침 이슬처럼 허무하다는 견해다. 영원성에 대한 바람이 상견으로 그리고 영원한 삶은 없다는 절망이 단견으로 나타난 것이다. 붓다는 두 견해를 타파하고 무상함의 참된 의미를 밝히려고 했다.

특히 당시 인도 사회에는 허무주의나 염세적 분위기가 무척 성행했던 것 같다. 아무래도 국가 간의 끊임없는 전쟁으로 삶이 황폐화되는 상황에서 이런 경향은 자연스러운 현상이지 않을까 싶다. 그래서일까? 육사외도六師外道*중 한 명인 푸라나 카사파Pūraṇa Kassapa는 일체의 도덕적 행위를 부정하는 극단적인 주장을 펼치기도 했다. 즉 살생이나 도둑질 같은 악한 행위를 해도 그 어떤 과보도 받지 않으며, 선

---

* 육사외도 六師外道

부처님 당시에는 기존 브라만교의 입장에 반기를 든 다양한 견해가 봇물 터지듯 출현했다. 이런 흐름 중 가장 대표적인 여섯 사람의 견해를 일컬어 불교 경전에서는 육사외도라고 표현하고 있다. 푸라나 카사파의 도덕부정론, 막칼리 고살라의 숙명론, 아지타 케사캄발린의 유물론, 산자야 벨랏티풋타의 회의론, 파쿠다 캇차야나의 불멸론, 니간타 나타풋타의 자이나교 등이다.

행을 실천해도 아무 의미가 없다는 것이다. 염세주의와 허무주의가 만연한 상황에서 이를 극복하고 새로운 대안을 제시한 붓다는 당시 사상계는 물론 인도 사회 전반에 큰 영향을 끼쳤다.

흔히 불교는 무상을 주장하기 때문에 허무주의라고 말하는 사람들이 있다. 그러나 우리의 삶을 비관적으로 바라보는 염세주의나 허무주의는 결코 불교가 아니다. 무상이라는 용어 때문에 불교는 허무주의로 오해를 받지만, 이런 오해는 무상이라는 말에 담긴 삶의 적극성과 긍정적 모습을 있는 그대로 바라보지 못한 데서 생겨난 것이다. 그렇다면 무상이란 말에 담긴 불교의 진짜 속내는 무엇일까?

무상의 참모습

가수 옴므가 부른 '밥만 잘 먹더라'는 제목의 노래가 있다. 노래는 이렇게 시작한다.

> "사랑이 떠나가도 가슴에 멍이 들어도 한순간뿐이더라. 밥만 잘 먹더라. 죽는 것도 아니더라."

이 가사를 쓴 이는 아마도 사랑하는 사람이 떠난 슬픔 때문에 목으로 아무것도 넘길 수 없을 것 같았는데, 어느 날 밥만 잘 먹는 자신을 바라본 경험이 있나 보다. 그때 비로소 슬픔도 영원하지 않다는 것을, 당시에는 죽을 것처럼 힘들었는데 지나고 보니 죽을 일도 아니라는 것을 알게 된 것이다. 우리의 삶이 그렇다. 시간이라는 묘약은 그어떤 슬픔도 물리칠 수 있는 힘이 있다. 야미가 남편의 죽음이라는 슬픔에서 벗어날 수 있었던 것도 바로 시간의 무상함 때문이다. 신들은 이러한 시간의 속성을 잘 알고 있었기에 밤이라는 새로운 시간을 만들어 야미로 하여금 그 무상함을 느끼게 한 것이다. 신들의 선택은 정말이지 탁월했다.

그렇다면 불교에서 무상을 얘기한 진짜 속내는 무엇일까? 무상은 말 그대로 모든 것은 영원하지 않다는 것을 의미한다. 왜냐하면 모든 것은 인연에 의해 일어나고因緣生 인연에 의해 소멸하는因緣滅 연기적 흐름 속에 있기 때문이다. 따라서 무상은 연기의 시간적 관찰이라 할 수 있다. 예를 들어 벚꽃이 피기 위해서는 여러 인연과 만나고 또 헤어져야 한다. 먼저 추운 겨울과 이별해야 하고 동시에 따뜻한 봄날과 만나야 한다. 이뿐만 아니라 꽃이 개화하기에 적당한 기온과의 인연이 있어야 아름다운 벚꽃을 볼 수 있다. 그래야 우리는 가요 '벚꽃엔딩'의 가사처럼 "봄바람 휘날리며 흩날리는 벚꽃 잎이 울려 퍼질 이 거리를" 사랑하는 연인과 걸을 수 있지 않겠는가.

그러나 인연에 의해 생겨난 것은 인연이 다하면 소멸하기 마련이다. 그렇게도 아름답게 거리를 수놓았던 벚꽃도 시간이 지나면 모두 질 수밖에 없다. 벚꽃과의 인연이 다했기 때문이다. 그렇다고 그 이별을 슬퍼할 이유는 없다. 왜냐하면 내년에도 내후년에도 또 다른 벚꽃과의 새로운 만남이 우리를 기다리기 때문이다. '아름다운 이별'이라는 표현은 이럴 때 쓰는 말이 아닐까 싶다.

그런데 이 아름다운 이별을 아름답게 받아들이지 못하는 사람들이 있다. 이렇게 허망하게 질 꽃이 무엇 때문에 피었냐고 하면서 말이다. 이러한 태도는 이미 지고 사라진 벚꽃에 대한 집착 이외에 다른 것이 아니다. 그러면서 삶과 자연의 허망함을 이야기한다. 삶이란 참으로 무의미하다고 노래하면서 허무주의에 빠지는 것이다. 불교에서 경계하는 것은 바로 이 지점이다.

존재하는 모든 것은 시간적인 관계 속에서 일어났다 소멸하는 연기적 과정에 있다. 이것이 있는 그대로如如 우리가 사는 모습이다. 벚꽃과의 헤어짐이 있어야 우리는 철쭉과 만날 수 있다. 한여름의 뜨거운 태양과 헤어져야 아름다운 단풍과의 인연을 기대할 수 있다. 그 아름답던 단풍도 모두 떨어져야 눈 덮인 겨울 산과 만날 수 있다. 그 무섭다는 '중2 사춘기'와 이별해야 건강한 청년이 될 수 있는 것이다. 쿨하게 이별할 수 있어야 쿨하게 만날 수 있는 법이다. 이렇듯 끊임없이 다이내믹하게 전개되는 시간적 흐름 속에 있다는 것이 바로 무상의 의미다.

그렇다면 이런 무상의 흐름 속에서 우리는 어떤 태도를 지녀야 할까? 벚꽃이 영원하기를 바란다거나 지나간 인연과의 이별이 덧없다 하여 허무주의에 빠지는 것은 불교적 대안이 아니다. 삶은 무상하므로, 지금이라는 시간은 다시는 돌아오지 않으므로, 그 순간순간을 최선을 다해 소중히 가꿔야 한다는 것이 무상의 진짜 속내다. 그런 점에서 무상은 과거나 미래를 사는 것이 아니라 바로 현재를 있는 그대로 사는 것이다. 벚꽃이 모두 떨어졌다 해서 삶이 덧없다고 생각하거나 벚꽃이 만발했던 과거에 집착하는 것은 꽃이 지고 새롭게 피어난 연초록의 푸른 잎들에 대한 모독이자 현재를 사는 자신에 대한 모독이다. 그렇게 새로운 인연과 자신을 모독하는 삶이 바로 염세주의와 허무주의로 나타나는 것이다.

그리고 무상이 중요한 또 다른 이유는 거기에서 바로 사랑이 나오기 때문이다. 나의 아버지가 돌아가신 지도 벌써 여러 해가 지났다. 장례를 마치고 얼마 지나지 않은 어느 날 아버지 생각이 나서 혼자 산소에 간 적이 있다. 그런데 산소 옆의 밭에서 일하시던 할머니 한 분이 성묘하는 내 모습을 보더니 혀를 차면서 이러는 것이다.

"죽은 다음에 찾아오면 뭘 하누. 살아 계실 때 잘 해드려야지."

그 말을 듣는 순간 얼굴이 빨개지고 가슴 깊은 곳에서 어떤 울림이 일어났다. 살아 계실 때 잘 해드리지 못한 회한이 저 깊은 곳에 남아 있었기 때문이다. 그리고 그때 비로소 무상의 참뜻을 이해할 수 있었다. 사랑은 미래가 아니라 지금 당장 실천해야 한다는 것을 말이다. 왜냐하면 부모님의 삶 역시 무상하기 때문이다. 이 평범한 삶의 진실을 우리는 너무 잊고 사는 것은 아닐까?

우리는 흔히 '형편이 좋아지면 다음에 효도해야지.' 하는 마음으로 산다. 그러나 이것은 무상의 위력을 간과한 것이다. 왜냐하면 다음이라는 시간은 존재하지 않기 때문이다. 우리는 늘 현재만 산다. 그렇기 때문에 무상이라는 시간의 흐름 속에서 내일이 아닌 바로 지금 여기에서 사랑을 실천해야 한다는 것. 그것이 무상이 우리에게 주는 메시지다.

불교를 비롯한 인문학의 목적은 단순한 지식 습득이 아니라 그것을 통해 우리의 현재 삶을 성찰하는 데 있다. 그래서 인문학은 내 실존의 현주소를 있는 그대로 바라볼 수 있게 해 준다. 때로는 남들이 모르는 나만의 상처에 반창고가 되어 주기도 한다. 이뿐만 아니라 앞으로 다가올 삶의 굴곡에 어떻게 대처해야 하는지에 대한 지혜도 가르쳐 준다. 킴벌리 커버거Kimberly Kirberger의 시처럼 〈지금 알고 있는 걸 그때도 알았더라면〉 우리는 지금 후회하지 않을 것이다. 후회 없는 삶, 후회 없는 사랑을 위해 불교가 전하는 무상의 지혜를 머리가 아닌 뜨거운 가슴으로 느껴야 할 이유가 바로 여기에 있지 않을까.

03

자아와 무아의
동거

자 아 vs 무 아

밥상과 책상 이야기

필요한 물건을 사러 마트에 들렀다가 밥상 하나가 눈에 들어오기에 구입한 적이 있다. 새로 산 밥상이 마음에 들어 밥을 먹을 때도 썼지만 책을 보거나 글을 쓸 때도 사용했다. 그러던 어느 날 한 친구가 집에 놀러 왔다가 밥상에서 글을 쓰는 나를 보더니 이렇게 묻는 것이다.

"이건 밥상이야, 책상이야?"

전혀 생각지 못한, 뜻밖의 질문이었다. 나는 그저 밥을 먹을 때는 밥상으로, 책을 보거나 글을 쓸 때는 책상으로 사용했을 뿐이다. 그런데 이 물건의 정체가 도대체 뭐냐는 질문을 들으니 조금 난감했다. 나에게 이것은 밥상이기도 하고 책상이기도 하다고 답했더니, 그 친구는 밥은 밥상에서 먹어야 하고 책은 책상에서 읽어야 하지 않느냐고 반문했다. 자기 정체성을 분명히 해야 한다는 것이다. 듣고 보니 그럴 듯했다. 그런데 밥상에서 책을 보고 책상에서 밥을 먹으면 안 되는 것일까?

이 대화를 통해 그 친구와 내가 세상을 보는 눈이 조금 다르다는 것을 느꼈다. 이를 불교식으로 표현한다면 그 친구는 자아自我를 그리고 나는 무아無我를 중심으로 사물을 바라본 것이다. 자아란 흔히 나의 정체성을 가리킬 때 쓰는 말인데, 불교에서 그것은 나뿐만 아니라 모든 사물이 지닌 본질적 속성을 가리킨다. 즉 다른 사물과 본질적으로 구별되는 변하지 않는 속성을 의미한다. 반면 무아는 변하지 않는 본질적 속성은 없다는 뜻이다. 왜냐하면 모든 것은 다른 것과의 연기적 관계에서 존재하기 때문이다.

자아의 관점에서 보면 책상은 다른 사물들, 예컨대 의자나 밥상과는 본질적으로 다른 자기만의 고유한 속성이 있다. 그러한 본질적 속성을 중심으로 모든 사물의 정의를 내리고, 그 정의를 모아 놓은 두꺼운 책을 우리는 사전이라 부른다. 책상을 사전에서 찾아보니 '앉아서 책을 읽거나 글을 쓰거나 사무를 보거나 할 때 앞에 놓고 쓰는 상'이라고 나와 있다. 그리고 밥상은 '음식을 차리는 데 쓰는 상 또는 음식을 갖추어 차린 상'이라 되어 있다. 여기서 '책을 읽거나 글을 쓰거나 사무를 보는' 것이 책상의 본질이며, '음식을 차리는 데 쓰는' 것이 밥상의 본질이다. 그리고 그것이 곧 변하지 않는 책상과 밥상의 자아다. 비록 책상과 밥상이 오래돼 낡아도 자아는 변하지 않는다는 것이다.

반면 무아의 관점에서 본다면 책상의 변하지 않는 본질은 존재하지 않는다. 두 가지 측면에서 그렇다. 하나는 연기적 관점에서 그렇다. 책상은 그것 자체로 존재하는 것이 아니라, 여러 연기적 조건이 모여서 만들어졌기 때문이다. 책상이라는 존재에는 나무라는 재료도 있고, 나무를 자른 사람의 땀방울 그리고 나무를 잘 자라게 해준 햇빛과 구름, 비 등 많은 요소가 담겨 있다. 즉 책상이라는 하나의 사물은 여러 인연과의 관계 속에서 존재하기 때문에 무아인 것이다. 따라서 무아는 연기의 다른 표현이라 할 수 있다. 책상에 변하지 않는 본질이 없다고 보는 또 다른 측면은 책상의 본질적 속성에 집착하면 자유로운 사고를 할 수 없다는 점이다. 책상이 '책을 읽거나 글을 쓰는' 것이라는 속성에 집착하게 되면, 우리는 그 위에서 밥을 먹거나 차를 마시는 행위는 본질에서 벗어난, 혹은 그릇된 행위라고 생각할 것이기 때문이다.

자아와 무아의 이러한 팽팽한 대결을 어떻게 봐야 할까? 자기 정체성을 강조하면서 책상과 밥상이 각자의 존재감을 찾아 이혼을 해야 할 것인가? 서로의 존재를 인정하면서 동거하는 방법은 없는 것일까? 쉽지 않은 그 이야기를 시작하려 한다.

자아 중심의 사유

자아란 오늘날 흔히 본질, 혹은 자기 동일성self-identity이란 말로 쓰이기도 한다. 자기 동일성이란 원래 철학자 헤겔Georg Wilhelm Friedrich Hegel, 1770~1831이 주로 사용한 용어다. 어떤 사물에 있어서 시간과 장소에 관계없이 변하지 않는 그 무엇을 가리킨다. 예를 들어 철수라는 사람은 서울에 있든 부산에 있든 관계없이 동일한 인물이며, 스무 살 철수가 나이를 먹어 서른 살이 되더라도 그의 동일성은 유지된다는 것이다.

이처럼 자아, 본질, 자기 동일성은 다른 것과 차별되는 고정불변한 속성을 지닌다는 점에서 의미가 같다. 이러한 자아의 특성은 세 가지로 정리할 수 있다. 첫째, 자아는 다른 사물과 구별되는 본질이 있다. 둘째, 다른 존재와 하나일 수 없다. 셋째, 자기의 정체성과 존재감은 다른 존재와의 차별에서 드러난다. 어찌 보면 당연한 것 같은 자아에 대해 많은 이가 태클을 걸고 나섰다. 대표적인 인물이 바로 붓다다.

왜 그는 자아를 부정하고 무아를 주장한 것일까?

사이가 좋지 않은 시어머니와 며느리가 있다. 시어머니는 며느리에 대해 늘 불만이다. 다른 집 며느리는 시어머니 해외여행도 자주 보내 주는데, 자기 며느리는 용돈 한번 제대로 준 적이 없다느니 하면서 넋두리를 늘어놓곤 했다. 이게 싫어서일까? 며느리는 시댁에 가기를 무척 꺼린다. 어쩔 수 없이 가야 하는 명절 같은 날이 돌아오면 한 달 전부터 머리가 아파 온다. 시댁만 생각하면 스트레스가 절로 쌓이고 그 때문인지 남편과 싸우는 횟수도 늘어만 간다. 정말이지 지긋지긋하다.

우리 주위에서 흔히 볼 수 있는 모습이다. 이러한 고부간의 문제를 자아와 무아라는 관점에서 생각해 보자. 자아를 중심으로 며느리를 바라보면 며느리는 '아들의 아내'라는 고정된 본질을 갖게 된다. 이렇게 본질을 갖게 되면 며느리는 시어머니의 딸인 시누이와는 확연히 다른 존재로서 각인되며, 따라서 시누이와는 하나일 수 없다. 시누이와의 차별성 속에서 며느리라는 자아를 갖는 것이다.

시어머니 입장에서 보면 이렇게 각인된 며느리에게는 본질에 어울리는 어떤 의무 같은 것이 있다. 예컨대 며느리는 시부모에게 순종해야 된다느니 아니면 명절 때 제사 지낼 음식을 정성껏 준비해야 된다느니 하는 것들 말이다. 조선 시대라면 여기에 아들을 낳아야 한다는 책임이 더해졌을 것이다. 아들을 낳아야 하는 책임을 다하지 못하면 칠거지악七去之惡이라 해서 시댁에서 쫓겨나는 처지가 되었다. 이처럼 며느리라는 본질에 합당한 책임을 다하지 못하면 시어머니에게 미움을 사고, 그것이 갈등의 원인이 돼 주변 사람들을 힘들게 만든다.

반면 시어머니 역시 '남편의 어머니'라는 본질을 갖게 되면 며느리에게 어떤 권리 같은 것을 주장하게 된다. 즉 며느리에게 이러저러한 대접을 받고 싶은 마음이 생긴다. 그러한 마음이 일종의 '시어머니'라는 상相을 만들어 낸다. 용돈도 두둑이 받고 싶고 며느리가 보내 주는 해외여행도 가고 싶은 것이다. 며느리와 시어머니의 자아가 서로를 충족하면 아무런 문제가 없지만, 그것이 어디 쉬운 일인가? 이처럼 며느리와 시어머니라는 두 자아가 서로 충돌할 때 생기는 것이 바로 고부간의 갈등이다.

여기서 주목해야 하는 것은 이런 갈등의 근저에 자아라는 보이지 않는 괴물이 자리한다는 사실이다. 물론 자아가 정체성을 확립함으로써 자신의 존재감을 드러낸다는 점은 긍정적으로 볼 수 있다. 하지만 그것에만 집착하면 대립과 갈등을 피할 수 없다. 불교에서 자아를 부정하는 것은 바로 이 지점이다. 자아에 대한 집착이 문제인 것이다. 그렇다면 자아와 무아는 양립할 수 없는 것일까?

자아와 무아의 동거

매년 추석이 다가오면 벌초를 하기 마련이다. 우리 집은 보통 추석이 돌아오기 두 주 전쯤 벌초를 하는데, 매년 매형이 와서 함께 한다. 아들이 셋이나 있기 때문에 오지 말라고 해도 기어이 와서 작고하신 아버지와 어머니 산소는 물론 할아버지와 할머니 산소까지 깔끔하게 정리해 주고 간다. 그래서 항상 고마우면서도 미안한 마음이 있다.

그런데 매형이 매년 그렇게 하는 이유가 있다. 아버지가 살아 계실 때 매형을 사위가 아닌 아들로 생각했기 때문이다. 매형 역시 아버지를 장인이 아닌 친부처럼 따르면서 지냈다. 그런 관계를 유지했기 때문에 매형은 장인이 아니라 자신의 아버지 산소를 벌초하는 마음으로 매년 정성스런 마음을 보탠 것이다. 나는 매형을 보면서 불교에서 무아를 강조하는 이유를 이해할 수 있었다.

사위는 딸의 남편이며, 장인은 아내의 아버지라는 본질을 갖는다. 그러나 그 본질에만 집착했다면 아버지나 매형도 그렇게 깊은 관계를 유지하기 힘들었을 것이다. 아버지와 매형은 사위와 장인이라는 본질을 해체하고, 아들과 아버지라는 새로운 관계로 만난 것이다. 즉 자아에 대한 집착을 버림으로써 둘은 존재론적으로 깊은 관계, 즉 사랑의 관계를 형성할 수 있었던 것이다.

불교의 무아는 자아와 달리 불변하는 본질이 없다. 왜냐하면 모든 것은 연기적 관계에서 존재하기 때문이다. 따라서 그것은 다른 것과 하나일 수 있으며, 자기의 정체성과 존재감은 다른 것과의 차별에서가 아니라 깊은 연기적 관계에서 드러난다는 특징이 있다.

누군가의 며느리가 되기 위해서는 여러 인연의 고리가 필요하다. 먼저 아들이 있어야 하고, 그 아들이 결혼을 해서 아내를 얻어야 한다. 그래야만 며느리는 아들의 아내라는 본질을 갖게 된다. 만약 이 가운데 하나라도 없으면, 며느리는 존재할 수 없다. 또 남편과 이혼을 한다면 이러한 관계도 깨질 뿐만 아니라 며느리라는 본질도 소멸된다. 이처럼 며느리는 여러 연기적 관계에서 존재하기 때문에 홀로 존재할 수 없다고 보는 것이며, 그것을 무아라고 하는 것이다.

갈등이 심한 며느리와 시어머니가 관계를 회복하기 위해서는 자아라는 관념에서 벗어나 무아라는 인식의 전환이 필요하다. 아들의 아내라는 며느리의 본질을 깨고 딸이라는 새로운 존재로 인식하면, 자연히 시어머니라는 본질 역시 사라지고 어머니로 재인식될 것이다. 그렇게 되면 시어머니는 딸인 며느리가 조금 부족해도 너그럽게 이해할 수 있으며, 며느리 역시 어머니라는 마음으로 시어머니를 대할 수 있을 것이다.

불교가 자아를 완전히 부정하는 것은 아니다. 그것은 마치 밥상을 밥상으로 쓸 수 없다고 하는 것과 같기 때문이다. 불교에서 부정하는 것은 자아에 대한 집착이다. 자아에 집착하면 자아를 구성하는 주변의 인연을 보지 못할 뿐만 아니라 자유로운 사유와 사랑이 나올 수 없다. 위의 예처럼 며느리의 자아에 집착하면 며느리도 딸일 수 있다는 것, 며느리를 딸처럼 사랑할 수 있다는 생각을 할 수 없게 된다. 그 집착을 타파하고자 붓다는 과격한 표현, 즉 무아라고 한 것이다.

불교는 무아를 주장했기 때문에 자아라는 아우라를 풍기면 불교가 아니라고 말하는 사람들이 있다. 이것은 무아란 용어 자체에 지나치게 천착해 그 속내를 읽어 내지 못한 결과가 아닐까 싶다. 언어는 사물과 사태를 가리키는 기능을 하지만 그것이 사용되는 맥락을 놓치면 그 속내를 읽을 수 없다. 철학자 비트겐슈타인Ludwig Josef Johann Wittgenstein, 1889~1951이 젊은 시절의 자신을 성찰하면서 언어의 의미는 지시reference에 있는 것이 아니라 그것이 사용되는use 맥락에 있다고 강조한 것도 바로 이 때문이다. 한 여성이 자신을 애태우던 애인에게 깜짝 선물을 받고 '자기 미워.'라고 말했다. 이 말을 들은 남성이 그녀가 정말 자기를 미워하는 줄 알고 떠난다면, 그는 언어적 맥락을 놓친 것이다. 상대의 '미워.'라는 말을 '사랑해.'로 읽을 줄 아는 것, '무아'라는 말을 '자아와 무아의 동거'로 읽는 것 그것이 바로 인문학적 지성이다.

자신의 정체성을 확립하는 것은 중요한 일이다. 그러나 자아라는 독방에 자신을 가두는 한 다른 존재와 소통할 수 없다. 자아라는 방문을 박차고 밖으로 나올 수 있어야 한다. 그래야 때로는 며느리로, 때로는 딸의 마음으로 소통할 수 있다. 장인이면서 동시에 아버지인 관계, 책상이면서 동시에 밥상이 될 수 있는 관계가 바로 무아에 담긴 진짜 속내다. 말 그대로 자아와 무아의 동거인 셈이다. 그럴 때 비로소 자유로운 삶, 사랑이 넘치는 삶을 살 수 있다.

어머니는 때로는 아들과 팔짱을 끼고 거리를 걷고 싶을 때가 있다. 그 순간 아들은 어머니의 애인이 된다. 물론 마음으로 말이다. 아들과 어머니라는 고정 관념에 집착하는 한 이런 관계는 힘들 것이다. 자아라는 꽃이 떨어져야 소통이라는 열매가 열리는 법이다. 때로는 자랑스러운 아들로, 때로는 사랑스러운 애인으로, 때로는 마음이 따뜻한 친구로 관계하는 것. 그것이 바로 자아와 무아의 동거다.

내가 밥상을 험하게 썼나 보다. 어느 날 밥상을 살펴보니 다리 부분에 금이 갔다. 그래서 힘을 받지 못하고 금세 넘어질 것만 같았다. 벗에게 고칠 수 있는지 물어보기 위해서 밥상을 들고 딸기 밭으로 찾아갔다. 벗의 얘기로는 고쳐 쓰기 힘들다며, 자기가 새로 하나 만들어 주겠단다. 그러더니 며칠 지나지 않아 편백나무로 튼튼하고 근사한 밥상을 하나 만들어 놓았다. 나는 지금 그 밥상에서 이 원고를 쓰고 있다. 그런데 배가 고팠던지 문득 학창 시절 친구의 자취방에서 방바닥에 신문지를 펴고 라면을 끓여 먹던 기억이 떠올랐다. 그때 우리에게 신문지는 '신문 기사를 실은' 종이가 아니라 '음식을 차리는 데 쓰는' 밥상이었다.

04

'고苦'라는 문제의식 없이
행복은 찾아오지 않는다

고통 **vs** 행복

참지 않으면 살 수 없는 세계

치통을 앓아 본 사람은 그 고통이 얼마나 심한지 잘 알 것이다. 진통제를 먹어도 잘 듣지 않고 고통 때문에 잠을 이룰 수도 없다. 한밤중이라 치과에 갈 수도 없는 상황이라면 문제는 더욱 심각하다. 피할 수 없으면 즐기라는 말도 이때는 위로가 되지 않는다. 그저 날이 밝기만을 기다릴 수밖에 없다. 그래야 치과에 갈 수 있으니 말이다. 나는 다른 데는 웬만큼 아파도 병원에 가지 않는다. 병원이 무서워서 그러기도 하지만 자연적으로 치유되는 게 낫겠다는 생각에서다. 그러나 치통이 참기 힘들 만큼 심하면 치과에는 가는 편이다.

참을 수 없을 만큼 이가 아픈데도 치과에 갈 수 없는 상황이 오랜 시간 계속되면 어떨까? 상상만 해도 끔찍한 일이다. 그렇게 아픈 상황에서도 참고 살아야 하는 세상을 불교에서는 사바세계娑婆世界라고 한다. 사바란 참지 않으면 살 수 없는 땅忍土이라는 의미인데, 우리가 사는 세상이 바로 그런 곳이라는 것이다. 이렇게 보면 우리는 무서울 정도로 고통스러운 세상에서 살고 있는 셈이다.

그래서인지 불교 하면 연상되는 단어가 괴로움, 염세주의라고 말하는 사람들이 적지 않다. 왜 아니 그렇겠는가? 참아야만 살 수 있는 세상이라고 하니 말이다. 오래전의 일이다. 어느 지인이 내게 불교는 왜 그렇게 이 세상을 괴롭다고 하는지 모르겠다고 말한 적이 있다. 특히 다른 것은 몰라도 새로운 생명의 탄생은 축복받을 일인데, 그것마저 괴롭다고 하는 것은 너무 심하지 않느냐는 것이다. 불교에서 생로병사生老病死 모두를 고통이라고 해서 그렇다는 것이다.

불교는 우리가 사는 세계를 고통이 가득한 사바세계라고 했으니, 이렇게만 본다면 염세적 아우라가 풍기는 것은 당연하다. 만약 우리가 겪는 고통이 어쩔 수 없는 운명이니 다 포기하고 순순히 받아들여야 한다고 말한다면 분명 불교는 염세주의가 맞다. 그러나 나의 현실이 괴로운데도 이를 애써 외면하거나 이에 대한 문제의식이 없다면 괴로운 상황은 결코 치유될 수 없을 것이다. 불교에서 문제 삼는 것은 바로 이 지점이다. 괴로운 현실을 방치하거나 회피하는 것이 아니라 그 원인이 무엇인지 직시하고 찾아내서 제거하자는 것이다. 그래야 고통에서 벗어나 행복을 누릴 수 있지 않겠는가. 분명한 것은 괴로움이라는 문제의식이 없다면 행복도 찾아오지 않는다는 사실이다.

불교의 지향점은 고통이 소멸된 행복한 삶에 있다. 그런데 행복하게 사는 것을 방해하는 여러 요인이 있다. 그것을 정확하게 보지 못하고 방치하면 우리는 그저 고통이라는 바다에서 허우적거릴 수밖에 없다. 스스로 의사가 되어 무엇이 그렇게 괴로운지, 괴롭다면 그 원인이 무엇인지 규명하고 순간적인 고통만 잠재우는 진통제가 아니라 정확한 처방을 내려 근본적인 치료를 하자는 것이다.

고통의 길

불교에서는 제행무상諸行無常, 제법무아諸法無我와 더불어 일체개고一切皆苦를 삼법인三法印이라 한다. 대승불교에서는 일체개고 대신 열반적정涅槃寂靜을 포함시키는데, 괴로움의 소멸이 곧 열반이니 어느 것을 넣는다고 해도 지향점이 달라지지는 않는다. 이를 모두 합쳐 사법인이라 하기도 한다. 이 세 가지 혹은 네 가지 진리는 틀림없다는 표시로 도장印까지 확실하게 찍은 셈이다. 그런데 이 괴로움의 문제는 붓다가 말한 사성제四聖諦, 즉 네 가지 성스러운 진리에서도 반복적으로 언급된다. 그만큼 붓다는 괴로운 현실에 대해 철저한 문제의식을 품었던 것이다. 흔히 고집멸도苦集滅道로 불리는 사성제는 괴로움苦이라는 현실에 매스를 가해 그 원인集을 찾아 소멸滅함으로써 행복의 길道을 제시하는 가르침이다. 사성제는 불교에서 그 무엇보다 중요한 부분을 차지한다. 여기에서 괴로움을 성스러운 진리라고 한 부분에 주목할 필요가 있다. 괴롭다는 문제의식 없이는 해결책을 모색할 수 없다. 그렇기 때문에 이를 분명히 아는 것은 괴로움의 문제를 해결하는 첫걸음이라 할 수 있다. 그러니 중요할 수밖에 없는 것이다.

그렇다면 구체적으로 무엇이 그렇게 괴롭다는 것일까? 일반적으로 괴로움의 의미는 세 가지다. 먼저 배고픔이나 질병 또는 혹독한 추위와 같은 육체적 고통을 고고苦苦라 한다. 둘째로 갖고 있던 것이 없어졌을 때 느끼는 고통, 예컨대 빚보증으로 집을 잃거나 주식이나 사업 실패로 재산을 날렸을 때 느끼는 고통을 괴고壞苦라 한다. 셋째로 삶의 무상함으로 인한 괴로움을 행고行苦라 한다. 나이 들어 거울을 봤을 때 어느새 늘어난 주름을 보며 느끼는 삶의 허무함도 이에 해당된다. 한마디로 유한할 수밖에 없는 운명 앞에서 느껴야 하는 실존적 고뇌라 할 수 있다.

불교에서는 이 괴로움을 사고팔고四苦八苦라 해서 네 가지 혹은 여덟 가지로 설명하기도 한다. 흔히 얘기하는 생로병사生老病死의 고통이 사고에 포함된다. 태어나면 늙고 병들어 죽을 수밖에 없는 우리의 실존을 가리킨다. 여기에서 생명의 탄생마저 고통이라고 하는 이유를 이해해야 한다. 늙고 병들어 죽을 수밖에 없는 것도 바로 태어남이 있기 때문이다. 그렇다고 그것을 슬퍼할 필요는 없다. 태어남이 있고 그래서 늙고 병든다는 나의 실존이 없다면, 고에 대한 문제의식도 없었을 테니 말이다. 중요한 것은 우리의 삶이 무상하다는 생생한 현실 앞에서 그것이 나의 삶에 어떤 의미를 갖는지 성찰해야 한다는 것이다.

그리고 나머지 네 가지는 어떤 대상과 관계를 맺으면서 느끼는 고통을 말한다. 첫째로 사랑하는 사람이나 환경 혹은 어떤 물건과 이별할 때 느끼는 괴로움을 애별리고愛別離苦라 한다. 영원히 내 곁에 있을 것만 같던 소중한 사람과 이별해야 한다면 어찌 고통스럽지 않겠는가. 둘째로 이와 반대로 원망스럽고 싫어하는 사람과 만나는 고통을 원증회고怨憎會苦라 한다. 생각만 해도 짜증이 나거나 화가 치밀어 오르는 대상을 만난다고 생각해 보면 쉽게 이해할 수 있다. 이 두 가지 괴로움은 우리가 살면서 피할 수 없는 일인 것 같다. 어찌 삶이 내 뜻대로만 흘러가겠는가. 그래서 『법구경』에서도 "사랑하는 사람은 만나지 못해 괴롭고愛之不見憂, 미워하는 사람은 만나게 되니 괴롭다不愛亦

見憂."고 했나 보다.

그리고 셋째로 무언가를 갖고 싶은데 갖지 못하는 괴로움을 구부득고求不得苦라 한다. 대학에 합격했는데 등록금을 낼 수 없어 학업을 포기해야 한다거나, 오랫동안 꿈꿔 온 삶의 목표를 이루지 못한 경우 등이 이에 해당된다. 한마디로 원하는 것을 얻지 못해 받는 마음의 상처라 할 수 있다. 넷째로 오음五陰, 즉 색수상행식色受想行識이 불처럼 타올라 겪는 고통을 오음성고五陰盛苦라 한다. 불교에서는 인간을 구성하는 다섯 가지 요소를 오음 혹은 오온五蘊이라 한다. 쉽게 말하면 인간은 육체적 요소와 정신적 요소로 이루어졌다는 것이다. 그런데 자아에 대한 집착이 마치 타오르는 불처럼 너무 강하면 고통이 온다는 것이다. 예전에 한 국회의원이 어느 행사에 참석했다가 자신을 소개해 주지 않았다고 모임을 주최한 인사에게 맥주를 뿌린 사건이 뉴스에 크게 보도된 적이 있다. 이것은 한마디로 '나, 이런 사람이야.' 하면서 대접받고 싶은데, 그러지 못했을 때 느끼는 서운함이라 할 것이다.

이처럼 붓다는 인간이 겪는 고통을 구체적으로 말하는데, 인간의 고통이 어디 이뿐이겠는가. 이런 괴로운 삶을 살면서 '인생이 뭐 다 그렇지.'라며 방관하거나 체념하는 것은 불교적 관점이 아니다. 그리고 그 고통을 마땅히 감수해야 한다고 말하는 것도 불교의 길이 아니다. 불교는 괴로움이라는 실존 앞에 정면으로 맞서서 그 원인을 찾아내고 날카로운 매스로 그것을 도려내면 행복의 길을 걸을 수 있다고 말한다. 행복의 길을 찾아 마음의 여행을 떠나는 것, 여기에 불교의 이유가 있다.

행복의 길

행복의 길을 가는데 장애물을 만나면 어떻게 해야 할까? 장애물이 있으니 가던 길을 멈춘다거나 그것이 너무 커서 극복할 수 없다고 체념하는 것은 일종의 염세주의적 사유다. 붓다는 마땅히 장애를 제거해야 한다고 말한다. 그래야 행복의 길을 계속 걸을 수 있기 때문이다. 불교는 난관을 만나면 그것을 극복하는 길을 제시하는 적극적인 가르침이다.

그렇다면 괴로움이라는 장애물을 어떻게 극복할 수 있을까? 먼저 해야 할 일은 괴로움이 생긴 원인을 규명하는 것이다. 그것이 곧 사성제의 두 번째 진리인 집성제集聖諦이다. 즉 어떤 것들이 모여서 괴로움이라는 현상을 낳게 되었는지 진단하자는 것이다. 불교에서는 괴로움의 원인을 갈애渴愛나 삼독三毒, 즉 탐진치貪瞋痴로 설명한다. 갈애란 심하게 목이 마를 때 물을 찾는 것과 같은 타오르는 욕망을 말한다. 삼독이란 무엇인가를 탐내고, 그것이 마음대로 되지 않을 때 성내고, 어리석게 구는 모습을 가리킨다. 그런데 갈애 또는 삼독의 중심에는 바로 자아에 대한 집착이 자리하고 있다. 이 집착으로 인해 괴로움이 발생하는 것이다.

집착은 흔히 마음속에서 현실의 상황을 수긍하지 못할 때 일어난다. 그러니 마음속 생각과 현실 사이에 엄청난 간극이 생기고 그로 인해 괴로울 수밖에 없는 것이다. 특히 마음속 대상이 자신의 삶에서 의미가 클수록 집착의 강도는 더욱 커진다. 예를 들어 돈을 제일 소중하게 생각하는 사람이 무리한 사업 투자로 전 재산을 날렸다면, 빈털터리가 된 현실을 쉽게 수긍하지 못하고 자꾸 과거에 집착하게 된다. 지금의 현실을 쿨하게 인정하자고 생각하지만, 그럴수록 자신도 모르게 지난날이 생각나는 것이다. 과거에 잘나갔던 자아와 그렇지 못한 현실 사이의 괴리가 집착을 낳고 괴로움이라는 상황을 연출하는 것이다.

그 대상이 사랑하는 사람일 경우는 말로 할 수 없을 정도로 괴로울 수밖에 없다. 경전에는 자식을 잃고 붓다에게 찾아와 자신의 아들을 살려만 준다면 무슨 일이라도 하겠다며 애원하는 키사 고타미라는 여인의 이야기가 나온다. 그때 붓다는 여인에게 죽은 사람이 없는 집에서 겨자씨를 얻어 오면 아들을 살려 주겠다고 말한다. 희망을 안고 여러 집을 돌아다녔지만, 그녀는 죽은 사람이 없는 집을 찾을 수 없었다. 그때 비로소 고타미는 만남이 있으면 헤어짐이 있다는 무상의 진실을 깨닫게 된다. 아이가 죽었다는 사실은 결코 돌이킬 수 없는 현실이며, 그것을 마음으로 받아들이지 않는 한 고통으로부터 벗어날 수 없다는 것을 생생하게 알게 된 것이다.

그 여인의 괴로움은 실상 사랑하는 아이가 떠났다는 사실보다도 그것을 마음속에서 인정할 수 없었다는 데 있다. 즉 사랑스러운 아들의 엄마였던 자아와 그렇지 못한 현실 사이의 괴리가 그녀를 더욱 괴롭힌 것이다. 그러니 마음으로 아이를 보내 주지 않는 한, 즉 죽은 아이에 대한 집착에서 벗어나지 않는 한 괴로움은 그녀를 따라다닐 수밖에 없었던 것이다. 어렵고 힘들지만 생각과 현실 사이의 간극을 줄이는 일, 그것이 고통에서 벗어나는 길이다. 앞서 무상 부분에서 살펴본 대로 야미가 그토록 고통스러워한 것도 사랑하는 남편이 떠났다는 현실을 마음속으로 받아들이지 못했기 때문이다. 집착은 이렇듯 우리로 하여금 현재를 살지 못하고 과거의 기억 속에 살도록 묶어 놓는 위력이 있다. 그 고리를 끊어 내야만 한다. 고통을 순간적으로 잊게 해 주는 진통제가 아니라 고통의 근본적인 원인을 제거하는 수술이 필요한 이유가 여기에 있다.

집착은 우리 삶 곳곳에서 활활 불타오르고 있다. 그 불을 입으로 확 불어 끈 상태를 열반涅槃, nirvāṇa이라 한다. 그렇게 갈애와 삼독이라는 불을 껐을 때 비로소 마음의 평화와 자유 그리고 행복이 찾아온다. 사성제 가운데 멸성제滅聖諦가 이에 해당되며, 이것이 바로 불교가 지향하는 바다. 그런데 앞서 살펴본 무상과 무아는 고통이 소멸된 열반과 다른 것이 아니다. 무상, 무아의 세계를 있는 그대로 보지 못하고 지나간 시간이나 자아에 집착한다면 고통을 겪지만 우리 세계가 곧 무상과 무아라는 것을 깨닫는다면 그것이 곧 열반인 것이다.

고통을 없애고 행복에 이르기 위한 구체적인 실천이 사성제의 마지막인 도성제道聖諦이다. 흔히 팔정도로 알려진 실천, 즉 정견正見·정사正思·정업正業·정어正語·정명正命·정정진正精進·정념正念·정정正定이 그것이다. 이런 실천은 마치 의사가 병의 원인을 정확히 찾아내 환자에게 처방을 내리는 것과 같다. 그런데 팔정도는 우리 스스로가 의사가 돼 고통의 증상과 원인을 찾고 처방하는 것이다. 고통의 근본 원인이 집착이라는 것을 알아냈으니, 여덟 가지 처방약을 복용하면 건강은 회복될 수 있다.

붓다는 이 사성제를 단순히 이해의 차원示轉에서 그치는 것이 아니라, 자신의 삶 속에서 실천할 수 있도록 권하고勸轉 실제로 행복에 이르렀는지 확인하는證轉 세 단계의 과정을 거치도록 하였다. 이것을 삼전사제법륜三轉四諦法輪이라 한다. 사성제라는 진리의 수레바퀴를 세 번이나 반복해서 굴렸다는 뜻이다. 진짜 공부는 이렇게 하는 것이 아닐까 싶다. 불교를 비롯한 인문학 서적을 읽고 사색이나 명상 등을 통해 진지하게 나의 삶을 성찰해 보고, 실제로 내 입에서 '아하! 그렇구나.' 하고 나의 언어로 나올 수 있어야 한다. 그럴 때 비로소 괴로움은 나의 문제가 되고 스스로 자신의 주치의가 돼 행복의 길을 갈 수 있을 테니 말이다.

05

정해진 운명이란 과연 존재하는가?

숙명 vs 업

『토정비결』 이야기

초등학교 시절로 기억된다. 해마다 새해가 되면 아버지는 책력을 사다 몇 장이 뜯겨 나간 낡은 책과 대조하면서 가족들의 한 해 운세를 보곤 하셨다. 옆집 사는 이웃들도 우리 집에 놀러 와서 자신들의 운세를 보았고 아버지는 그들의 1년 운세가 담긴 책장을 뜯어 주곤 했다. 나는 그것이 재미있어 보여 어깨너머로 운세 보는 법을 배우게 되었다. 그래서 친구들이 놀러 오면 그들의 운세를 보기도 했다. 나중에야 아버지가 책력과 함께 본 책이 그 유명한 이지함의『토정비결』이라는 것을 알게 되었다. 내 기억 속에는 지금도 빨간 표지의 책력과 낡아 빠진 『토정비결』이 깊이 남아 있다.

그 영향이 있었는지 모르지만 가장 이성적이고 합리적 학문이라는 철학을 대학에서 공부하면서도 재미 삼아 사주 보는 법을 조금 배웠다. 그래서 술자리 안주 삼아 지인들에게 봐 주곤 했는데, 그것이 얼마나 무책임한 일인지 느낀 것은 군대에서 생활할 때였다. 철학을 전공했다는 이유로 선임들에게 사주를 봐 달라는 요구에 시달렸다. 이십 대 청춘에게도 철학은 관상을 보거나 점을 치는 학문쯤으로 취급된다는 것을 그때 알게 되었다. 대학에서 그런 것은 배우지 않아 잘 모른다고 말했지만, 무서운 선임들 앞에서 그런 변명은 통하지 않았다. 어쩔 수 없이 아는 것을 바탕으로 대충 좋은 말을 섞어 가며 위기를 벗어났다.

그러던 어느 날 마음씨 좋은 선임이 자기 사주도 좀 봐 달라고 했다. 그래서 얼추 짚어 봤는데, 나 스스로 놀라지 않을 수 없었다. 나빠도 너무 나쁜 운세가 나왔기 때문이다. 그대로 말해 줄 수 없어 대충 얼버무리고 나서 깊은 생각에 잠겼다. 그때 내린 결론이 재미로라도 남의 운세를 보는 일은 해서는 안 된다는 것이었다. 한 사람의 인생을 무슨 자격으로 예단한단 말인가. 책임지지도 못할 말을 하는 것은 타인에 대한 예의가 아니란 생각에 그때부터 사주와 관련된 생각을 머릿속에서 지우기 시작했다. 그리고 그 어떤 선임의 압력에도 사주를 보지 않았다.

점이나 사주는 자신의 운명이 큰 틀에서 정해졌다는 것을 전제로 할 때만 인정될 수 있다. 이것은 과학적 검증의 범위를 넘어선 문제이기 때문에 옳다 그르다 판단하는 것 자체가 무의미한 일인지도 모른다. 그런데 운세와 관련된 시장이 연간 수조 원대를 형성하고 영화 〈관상〉을 본 관객이 천만 명에 가까운 것을 보면 요즘처럼 최첨단 과학의 시대에도 운세나 관상이 사람들에게 끼치는 영향이 적지 않음을 알 수 있다.

이렇게 점이나 사주를 보는 일은 우리나라 절에서도 흔하게 볼 수 있다. 그래서 절을 점집으로 알거나, 불교를 정해진 운명이 있다고 가르치는 종교로 인식하는 사람이 적지 않다. 이러한 현상을 어떻게 보아야 할까? 과연 정해진 운명이란 존재하는 것일까? 그리고 불교에서는 그러한 주장을 어떻게 바라보고 있을까?

숙명

살다 보면 좋지 못한 일을 당해서 힘든 시간을 보낼 때가 있다. 그럴 때면 흔히 나에게 닥친 어려움의 근본 원인을 냉철히 분석하고 대안을 마련하기보다 '다 팔자고 운명이야.' 하며 체념하는 경우가 많다. 그것이 스스로에게 잠깐은 위안이 될지 모른다. 하지만 이러한 태도를 갖게 되면 다음에 비슷한 상황이 오더라도 역시 자신의 운명으로 받아들이게 될 것이다. 결국 자신의 삶을 주체적이고 능동적으로 대처하지 못하고 모든 것을 운명에 맡기는 셈이 된다. 이러한 것을 흔히 숙명론이라 한다.

숙명론宿命論, fatalism이란 원래 '운명에 의해 결정된'이란 뜻의 라틴어 '파탈리스fatalis'에서 유래되었다 한다. 즉 인간의 삶이나 자연 현상은 선천적으로 이미 정해져 있기 때문에 인간의 의지로는 어쩔 수 없다는 입장이다. 이것이 맞다면 우리는 이미 치밀하게 디자인된 세계에 살고 있는 셈이다. 원래부터 그런 것인지 아니면 설계한 디자이너가 따로 있는지 우리는 알 수 없다. 앞서 언급한 것처럼 과학적으로 검증할 수 없기 때문이다. 이럴 때는 정해진 운명이 있다는 입장과 운명은 스스로 만들어 간다는 입장 중 어느 하나를 선택하는 수밖에 없다. 어느 쪽에 주사위를 던지느냐에 따라 자신의 삶의 내용과 태도 그리고 의미가 달라질 것이다. 우리가 관심을 두는 부분은 바로 이 지점이다.

이러한 숙명론의 특징을 간단하게 정리해 보자. 먼저 숙명론은 이미 정해진 운명을 전제하기 때문에 자유 의지가 설 자리가 좁을 수밖에 없다. 즉 자신의 삶을 능동적이고 주체적으로 창조할 수 없다는 것이다. 둘째로 어떤 사건의 원인과 결과에 대해 논리적으로 접근할 수 없다. 이미 그렇게 되도록 정해졌다는데 무슨 논리적 설명이 필요하겠는가. 셋째로 숙명론은 행위에 따른 결과를 인정하지 않는다. 즉 나의 행위는 이미 그렇게 하도록 정해졌기 때문에 그에 따른 책임도 있을 수 없다는 것이다. 한마디로 말하면 숙명론은 내가 내 삶의 주인공일 수 없다는 입장이다. 누군가 혹은 무엇인가에 의해 정해진 삶을 살 수밖에 없기 때문이다.

붓다 당시에도 이런 숙명론을 주장한 인물이 있다. 육사외도 중 사명외도邪命外道로 불린 막칼리 고살라Makkhali Gosala가 주인공이다. 당시 그를 따르는 무리가 상당했던 것으로 보인다. 아소카 대왕의 비문에 의하면 불교, 자이나교와 함께 독립된 종교로 인정될 정도였다고 한다. 이들 주장에 따르면 우리가 삶을 영위하는 데 자유 의지란 있을 수 없으며, 다만 자연의 정해진 본성과 상황에 의해 결정될 뿐이다. 산스크리트로 '운명'을 의미하는 '니야티niyati'라는 우주적 힘에 의해 인간의 사소한 것까지 결정돼 있기 때문에 인간의 그 어떤 노력도 의미가 없다. 마치 실타래를 힘껏 던지면 실이 다 풀어질 때까지 굴러가는 것처럼, 우리는 모두 이미 정해진 길을 가게 된다는 것이다.

그럼에도 불구하고 그들은 고행을 중시했으며, 그들이 정한 생활법을 엄격히 지켰다고 한다. 이것은 해탈을 위해서가 아니라 '니야티'

불교란 무엇인가 불교란 무엇이 아닌가

가 그렇게 하도록 정했기 때문이다. 이뿐만 아니라 선악에 대한 기준을 설정할 수 없기 때문에 윤리와 같은 것은 성립할 수 없다고 주장했다. 그들의 주장대로라면 선한 행위를 권장하거나 악한 행위를 제어하기 위한 적극적 실천이 나올 수 없다. 그들의 교단을 역사는 아지비카Ājīvika라 부른다.

이처럼 우리의 운명이 처음부터 정해져 있다면 그것을 예견하는 사람이 나오기 마련이다. 흔히 예언가나 점술가로 불리는 사람들이다. 그들은 마치 누가 더 운명을 잘 맞히는가 하는 게임을 하는 것과 같다. 물론 잘 맞히는 사람이 승자가 될 것이며, 그에 따라 부와 명성이 주어질 것이다. 그런데 이런 일이 절에서도 버젓이 행해지고 있다. 붓다의 가르침을 펼치고 전승하는 곳에서 운명 맞히기를 한다면 불교는 숙명론을 수용하는 것이 될 것이다. 과연 이러한 행위를 불교 본래의 입장에서 어떻게 보아야 할까?

업은 자유 의지다

점을 보는 일을 우리가 뭐라 할 수는 없다. 그 일도 하나의 직업이며, 직업 선택의 자유는 헌법으로 보장된 권리이기 때문이다. 그러나 '불교'라는 타이틀을 걸고 행해서는 안 된다. 불교는 정해진 운명을 강력히 거부하며, 자신의 삶을 스스로 개척하고 창조해야 한다고 강조하기 때문이다. 그렇다면 사찰에서 사주나 관상을 보게 된 배경은 무엇일까?

중국에서는 고대부터 점을 치거나 사람의 관상을 보는 상법相法이 유행했다. 그런데 상법을 체계적으로 정립한 인물은 정작 중국에 선불교를 전한 달마 대사다. 포교의 수단으로 관상 보는 법을 적은 『달마상법』이 신라의 유학승들에 의해 소개된 것은 선덕여왕 때라고 전해진다. 그리고 고려에 이르면 『달마상법』과 함께 『마의상법』이 널리 유행하는데, 고려의 승려들은 이를 포교의 수단으로 활용했다.

힘든 일이 있을 때 사람들은 무엇인가에 의지하기 마련이다. 사람들이 절에 찾아와 앞으로 어떻게 될 것인가를 물으면, 승려들은 상법을 활용해 그들의 미래를 알려줌으로써 자연스럽게 포교를 하게 되었다. 이와 더불어 무당들의 영역인 점이나 사주 보는 일을 같이 함으로써 사람들의 발길을 자연스레 점집이 아닌 사찰로 유도한 것이다. 조선 시대에 이르면 억불 정책 때문에 산속으로 쫓겨난 승려들이 절에서 사주를 보고 점을 치는 일이 더욱 성행했다. 그리고 그러한 현상이 기복 신앙과 결부돼 지금까지 이어지는 것이다. 어찌 보면 포교의 수단으로 시작된 일인데, 본말이 전도된 느낌을 지울 수 없다.

그러나 점을 보는 일이 포교 수단으로 행해졌다고 해도 불교의 본

령이 아닌 것은 분명하다. 앞서 언급한 것처럼 불교는 사람의 운명이 이미 정해졌다는 것을 부정할 뿐만 아니라 오히려 자신의 운명은 스스로 개척해야 한다고 강조하는 적극적인 가르침이기 때문이다. 그것을 보여 주는 것이 바로 자업자득自業自得이나 인과응보因果應報란 말로 우리에게 친숙한 업설業說이다.

우리는 보통 몸과 입, 마음으로 어떤 행위를 하게 된다. 그런데 어떤 행위를 하면 그로 인한 에너지나 영향력이 우리의 무의식에 잠재돼 있다가 다음 행위에 영향을 주게 된다. 그것을 바로 업業이라 한다. 술이나 담배를 끊기 어려운 것도 그동안 마시거나 피워 온 에너지가 무의식에 잠재돼 우리의 행동에 영향을 주기 때문이다. 사랑하는 사람과 헤어지면 오랫동안 슬픈 이유도 사랑했던 시간의 기억이 무의식에 남아 있다가 우리의 의식에 영향을 주기 때문이다. 불교에서는 인간의 모든 행위는 사라지는 것이 아니라 저 깊은 무의식에 저장된다고 한다. 그곳을 가리켜 아뢰야식阿賴耶識이라 한다. 아뢰야식에 저장된 기억이 우리의 삶에 직접적으로 관여한다는 것이다. 다만 우리가 그것을 의식하지 못할 뿐이다.

군대 시절 선임에게 사투리를 쓴다는 이유로 괴롭힘을 당한 기억이 있다. 아무리 생각해도 난 사투리를 쓰지 않는데 왜 그럴까 곰곰이 생각해 보니, 평소에는 쓰지 않다가도 긴장하거나 결정적인 순간에 나도 모르게 나오는 사투리가 있었다. 바로 '긍게'라는 말이었다. 어릴 때부터 들어 왔고 사용한 이 말이 내 무의식에 저장돼 있다가 긴장된 분위기에서 불쑥 튀어나온 것이다. 이것이 바로 업이다. 재미있는 사실은 내가 '긍게'라고 할 때마다 그 선임이 볼펜심으로 내 머리를 때리며 했던 말이 '그랑께'라는 남도 사투리였다는 것이다.

이러한 업설은 숙명론과 달리 인간의 자유 의지를 매우 강조한다. 즉 자신의 운명은 스스로의 의지에 따라 주체적으로 창조할 수 있다는 것이다. 둘째로 업설은 주어진 결과를 논리적으로 설명할 수 있다. 콩을 심었기 때문에 콩이 나오는 것이며, 팥을 심었기 때문에 팥이 나오는 것이다. 셋째로 업설은 행위에 따른 결과를 인정한다. 선한 행위를 하면 그에 따른 과보를 받는 것이며, 악한 행위를 하면 그에 따른 책임을 지는 것이다. 이런 점에서 업설은 올바른 윤리의 기초가 된다. 한마디로 업설은 내가 내 삶의 주인공이라는 입장이다. 누군가에 의해 정해진 삶이 아니라, 내 삶을 주체적이고 능동적으로 만들어 가며 그에 따른 책임도 마땅히 감수한다는 것이 바로 업설이다.

지금의 내 모습은 지금까지 살아온 삶의 결과물이다. 인격이나 습관도 무의식에 쌓인 삶의 흔적 이외에 다른 것이 아니다. 현재 자신의 삶에 대한 반성과 성찰이 없다면, 앞으로도 지금까지 살아온 방식을 답습할 것이다. 업의 관성 때문이다. 이것을 거부하기는 매우 힘들다. 마치 오랜 세월 사투리를 쓴 사람이 표준말을 쉽게 쓸 수 없는 것과 같다. 그러나 자신의 미래는 지금부터 내가 어떻게 사느냐에 따라 얼마든지 달라질 수 있다. 사투리 때문에 힘들어하던 배우가 피나는 노력으로 발음을 교정해 성공한 경우를 우리는 많이 본다. 오랫동안 마신 술을 끊거나 담배를 끊는 사람들도 있다. 지금까지 잘못 살아온 삶을 참회하고 새로운 미래를 창조해 가는 이들도 많다. 이 모두가 자신의 삶은 자신의 노력과 의지로 얼마든지 바꿀 수 있다는 것을 보여 주는 예다.

정해진 운명이 있다고 믿으면 어떤 경우라도 자기 삶의 주인이 될 수 없다. 그저 엑스트라에 불과할 뿐이다. 흔히 한 번뿐인 인생이라고 말한다. 그렇다면 영화 속 주인공은 되지 못할지라도 내 삶에서는 주인공으로 살아야 하지 않을까? 내 삶을 주체적으로 이끌어 감으로써 스스로 내 운명을 창조하고 그에 따른 결과도 마땅히 책임지는 것이 솔직하고 당당한 삶이 아닐까? 인간의 수명이나 일, 사랑 등을 좌우한다는 손금도 결국 다른 사람의 손이 아니라 바로 내 손 안에 있는 것이다. 숙명론을 받아들일 수 없는 이유가 바로 여기에 있다.

06

윤회를
어떻게 볼 것인가?

윤 회 vs 해 탈

불교가 콩가루 집안이라고?

인터넷이 요즘처럼 일상화되기 전의 일이다. 한 인터넷 사이트에서 전
생을 알려 준다기에 재미 삼아 생년월일을 넣어 보니, 아주 흥미로운
결과가 나왔다. 내가 전생에 꽃사슴이었다는 것이다. 컴퓨터 앞에서
한참을 웃었다. 사슴의 처지로 살다가 불교에서 가장 희유稀有하다는
인간으로 태어나 붓다의 가르침을 만났으니, 출세도 보통 출세가 아
닌 셈이다.

그런데 오래 지나지 않아 출가한 벗이 무슨 사정 때문인지 환속했다는 소식을 듣게 되었다. 그 친구는 환속한 뒤에도 승려의 업이 남아서인지 새벽에 일어나 참선하는 생활을 계속 했다. 그러던 어느 날 그 친구에게 전화가 왔다. 문득 내 전생이 보여서 전화를 했다는 것이다. 어떤 모습이더냐고 물으니, 놀랍게도 내가 전생에 티베트의 승려였다고 한다. 언젠가 그곳에 가면 나 스스로 전생의 모습을 떠올리게 될 것이라는 말까지 덧붙였다. 웃으면서 전화를 끊었지만, 그 말이 맞다면 전생의 인연 때문에 내가 금생에 불교를 공부했는지 모를 일이다.

내가 전생에 꽃사슴이었는지 아니면 티베트의 승려였는지 알 길은 없다. 검증이 불가능하기 때문이다. 그런데 이런 전생 이야기를 하다 보면, 자연스럽게 윤회란 말을 떠올리게 된다. 이 말은 '불교' 하면 연상되는 단어들 가운데 가장 많이 나오는 단어 중 하나다. 윤회輪廻, Saṃsāra란 태어나고 죽는 과정이 반복된다는 의미다. 그러니까 우리는 지금도 계속 윤회하는 삶의 한 과정에 있는 셈이다.

이러한 윤회를 삐딱하게 바라보는 시선이 있는 것이 사실이다. 오래 전 어느 날 한 지인이 불교는 완전히 콩가루 집안이 아니냐고 내게 물은 적이 있다. 왜 그렇게 생각하느냐고 했더니, 어떻게 전생의 나의 아버지가 지금 내 아들이 될 수 있으며 전생의 아내가 어떻게 내 딸이 될 수 있느냐는 것이다. 불교의 윤회설은 가족 간의 질서를 완전히 파괴하기 때문에 도저히 믿을 수 없다는 것이다. 듣고 보니 윤회를 그렇게 바라보는 것도 무리는 아니라고 생각했다.

어떻게 사느냐에 따라 나고 죽는 것이 반복된다는 윤회 사상은 앞 장에서 살펴본 업과 관련될 수밖에 없다. 업의 결과가 곧 윤회이기 때문이다. 즉 업이라는 행위가 원인이 되어 나타나는 결과가 바로 윤회다. 이렇게 보면 업과 윤회는 선한 행위를 하면 선한 결과를 받고 악한 행위를 하면 악한 결과를 메커니즘으로 작동하는 셈이다.

이러한 윤회의 문제를 어떻게 보아야 할까? 과학적으로 검증이 불가능한 영역은 믿느냐 믿지 않느냐 가운데 하나를 선택할 수밖에 없다. 아니면 아예 관심을 갖지 않거나 말이다. 과연 불교에서 윤회를 말했던 속내는 어디에 있을까? 윤회를 사실로 받아들여야 할까, 아니면 상징으로 받아들여야 할까? 또 윤회를 말하는 불교는 정말 콩가루 집안일까, 아니면 우리 삶에서 어떤 의미를 갖는 걸까?

윤회하는 삶

흔히 윤회란 말이 불교에서 유래됐다고 아는 사람이 많다. 그러나 윤회는 불교가 태동하기 훨씬 이전부터 인도인의 삶에 내면화된 그들의 전통적인 사유 체계다. 즉 그들은 오래 전부터 어떤 삶을 사느냐에 따라 다음 생이 결정된다고 믿어 왔다. 지금의 삶이 고통스러우면 전생에 악한 일을 많이 했기 때문이며, 금생에 선한 일을 많이 하면 내생에는 지금보다 좋은 세계에 태어날 수 있다고 믿었다. 그리고 불교는 이러한 인도인의 오랜 전통인 윤회 사상을 받아들인 것이다.

이러한 윤회 사상은 붓다가 입멸하고 100여 년이 흐른 후 형성된 부파불교에 이르러 더욱더 확고히 자리 잡는다. 그들은 전생과 현생 그리고 내생이 실제로 있다고 보고 지옥이나 아귀·축생 세계 등을 매우 구체적이고 사실적으로 그렸다. 부파불교에 의하면 우리의 삶은 네 단계의 과정을 거친다. 태어나는 순간인 생유生有와 태어나 삶을 영위하는 기간인 본유本有 그리고 삶을 마치는 순간인 사유死有와 죽고 나서 다음 생을 받기 전까지의 기간인 중유中有가 그것이다. 사람이 태어나 일정 기간 살면서 몸과 마음으로 행한 선업과 악업이 죽은 다음 모두 계산되고 그 결과에 따라 다음 생이 결정된다는 것이다. 그 결과를 계산하는 시간, 즉 중유의 기간이 보통 10일에서 49일이라고 한다. 사찰에서 49재齋를 지내는 것도 여기에서 유래된 것이다.

이렇게 모든 계산을 마치면 그 결과에 따라 여섯 종류의 몸을 받아 윤회를 계속하는데, 이것을 육도윤회六道輪廻라 한다. 온갖 고통으로 가득한 지옥과 언제나 배고픈 상태로 살아야 하는 아귀餓鬼 그리고 개나 돼지 등으로 사는 축생의 세계를 가장 나쁜 곳이라 해서 삼악도三惡道라 부른다. 시끄러움과 싸움이 끊이지 않는 아수라阿修羅와 사바세계로 불리는 인간계 그리고 고통보다 즐거움이 많은 천계天界가 나머지를 이룬다. 이처럼 자신이 지은 업보에 따라 윤회의 삶을 계속 반복한다는 것이 그들의 생각이었다.

윤회에 대한 이런 믿음을 무조건적으로 수용하면 현재 겪는 고통의 원인을 성찰하기보다는 이를 전생의 업이나 팔자 탓으로 돌리기 쉽다. 어느 지인에게 불자였다가 개신교로 개종한 사람의 얘기를 들은 적이 있다. 그 이유를 물으니 자신의 사업이 잘 풀리지 않아 절에 가서 상담을 하면 그때마다 전생의 업 때문이라는 얘기를 들었다는 것이다. 전생 때문이라는 소리를 자주 듣다 보니 그것이 상처가 돼 불교에서 멀어지고, 급기야 개종을 했다고 한다. 업과 윤회에 대한 왜곡된 믿음이 부른 결과인 것 같아 안타까웠다.

요즘 들어 윤회를 비판적으로 보는 사람이 있는 것은 사실이다. 업과 윤회는 힌두교의 산물이며, 불교의 본질은 윤회에 있는 것이 아니라 연기와 무아에 있다는 것이다. 일리 있는 지적이라 본다. 이러한 윤회의 문제는 현재 우리 삶을 중심으로 이해할 필요가 있다. 실제로 우리는 순간순간 윤회하는 삶을 살기 때문이다. 물론 마음속에서 말이다. 누군가 사람 같지 않은 행동을 할 때, 우리는 그를 금수에 비유하곤 한다. 겉모습은 사람이지만 그의 마음은 축생처럼 주위 사람들을 해치거나 그들에게 상처를 주기 때문이다. 가치관과 이념의 혼돈으로 대립과 갈등이 끊이지 않는 사회는 아수라의 세계와 같다. 어디 이뿐이겠는가? 더 많은 이윤을 추구하기 위해 힘없는 노동자의 생존권을 위협하는 것은 부에 굶주린 아귀의 모습과 다르지 않다. 이렇듯 우리의 실존과 관련지어 윤회를 이해하는 것이 붓다의 합리적 가르침에 부합하는 길이 될 것이다.

경전에는 '세상은 영원한가?', '죽음 이후에는 어떻게 되는가?' 하는 형이상학적 문제로 고민하다 붓다에게 질문하는 제자 이야기가 나온다. 붓다는 이 질문에 답을 하지 않는다. 왜 그랬을까? 그러한 질문이 우리의 실존적 문제, 즉 우리 삶이 괴로운 문제를 해결하는 데 전혀 도움이 되지 않기 때문이다. 또 이 같은 의문이 우리를 깨달음과 열반으로 인도하지 못하기 때문이다. 만일 붓다가 그 문제에 침묵하지 않고 어떤 대답을 했다면 어떻게 됐을까? 제자들은 형이상학적 문제에 몰두하느라 정작 자신에게 중요한 문제, 즉 자신이 괴롭다는 문제의식을 갖지 못했을 것이다. 그래서 붓다는 괴로움의 원인이 무엇인지 분명히 인식하고 그것을 소멸하는 것이 삶의 궁극적 목적임을 강조한 것이다. 붓다의 합리적 태도를 엿볼 수 있는 대목이다.

해탈과 자유 그리고 사랑

윤회설의 목적은 현재 자신의 고통을 전생의 업이나 팔자로 돌리는 데 있지 않다. 윤회를 일으키는 사슬을 끊고 진정한 자유와 평화, 행복을 찾는 데 있다. 그것을 해탈解脫, mokṣa이라고 한다. 이것은 번뇌나 집착 등 모든 굴레에서 벗어나 평화와 대자유의 경지에 이르는 것을 의미한다. 열반이나 깨달음과 같은 의미라 할 수 있다. 그 경지는 실제로 체험해 봐야 알 수 있기 때문에 무엇이라 설명하기 힘들지만, 일상의 예를 통해 어느 정도 이해할 수 있지 않을까 싶다.

　살면서 누군가를 미워하는 것만큼 고통스러운 일도 없다. 그 대상을 머릿속에 떠올리기만 해도 화가 나서 견딜 수 없을 때가 있다. 그때의 마음은 이미 지옥에 있는 것과 다름이 없다. 왜 이런 고통을 참고 견뎌야 하는가? 문제가 있다면 그 원인을 냉철하게 분석하고 해결해야 한다. 힘들고 어렵더라도 스스로를 성찰함으로써 문제를 해결하고 미워하는 마음을 내려놓을 수 있어야 한다. 그럴 때 비로소 마음의 평화와 행복이 찾아올 것이다. 이것이 생활에서 맛보는 작은 해탈이다.

　일본 임제종의 고승으로 알려진 백은白隱, 1685~1768 선사와 당대 최고의 무사로 알려진 인물 사이에 전해지는 유명한 이야기가 있다. 무사가 선사를 찾아와 지옥과 극락에 대해 묻자 선사는 그것도 모르냐면서 풋내기라고 놀렸다. 화가 난 무사가 자꾸 놀리면 자신의 칼이

용서하지 않을 것이라고 경고했지만 선사는 멈추지 않았다. 그러자 무사는 칼을 뽑아 선사를 향해 힘껏 휘둘렀다. 선사는 칼을 피하면서 무사를 향해 이렇게 말한다.

"그것이 바로 지옥이니라."

이 말을 듣는 순간 깨달은 바가 있었는지 무사는 무릎을 꿇고 눈물을 흘리면서 자신의 무례를 용서해 달라고 했다. 그때 선사의 입에서 단호한 한마디가 흘러나왔다.

"그것이 바로 극락이니라."

화가 치밀어 올라 얼굴이 빨개졌을 당시 무사는 화탕지옥火湯地獄을 윤회하는 모습 이외에 다른 것이 아니다. 선사의 가르침으로 그것을 깨닫는 순간 무사는 윤회의 사슬을 끊고 지옥에서 벗어나 마음의 평화가 가득한 극락을 체험할 수 있었다. 이 이야기를 통해 우리가 확인할 수 있는 것은 지옥을 비롯한 아귀·아수라 등 윤회의 세계는 다름 아닌 우리 마음속에 있다는 사실이다. 따라서 우리를 윤회의 고통으로 몰아넣는 사슬과 집착을 끊는다면 평화와 자유, 해탈의 맛을 느낄 수 있을 것이다.

내가 지금 겪는 고통이 전생의 업 때문이니 마땅히 참고 받아들여야 한다는 것은 붓다의 가르침이 아니다. 이는 곧 전생의 업으로 인해 현재의 삶이 정해져 있다는 또 다른 형태의 숙명론에 불과하다. 불교의 가르침은 고통을 참고 견디라는 것이 아니라 그로부터 벗어나는 길을 제시한다. 붓다의 근본 가르침인 연기나 무아, 사성제, 팔정도 등은 바로 고통의 원인을 분석하고 그로부터 벗어나는 길을 과학적으로 보여 준다. 검증할 수 없는 윤회의 문제를 믿음의 차원에서만 강조할 것이 아니라 생생하게 살아 있는 현재의 삶 속에서 이해하고 그 의미를 오늘에 맞게 살리는 것이 바람직할 것이다.

윤회와 관련해 전생의 아내가 지금의 딸일 수 있고, 내 이웃이 전생의 아들일 수 있다는 이야기는 그 상징적 의미를 이해할 필요가 있다. 즉 이 말을 사실이냐 거짓이냐의 관점으로 보지 말고 이 말에 담긴 속내를 파악해야 한다는 것이다. 이것은 윤회설이 윤리적 가족 관계를 엉망으로 만든다는 뜻이 아니다. 이것은 내가 만나는 모든 생명은 전생에 나와 깊은 인연이 있으므로 함부로 대하지 말고 서로 사랑해야 한다는 것을 의미한다. 산에 핀 이름 모를 한 송이 들꽃에서부터 우연히 지나치는 수많은 사람에 이르기까지 모두 나와 상관없는 존재가 아니라 전생에 소중한 인연일 수 있으니 깊은 자애심을 가져야 한다는 것이다. 이웃 사랑에 관한 어느 텔레비전 프로그램에서 한 소녀가 가장으로서 힘겹게 사는 모습이 방영될 때, 그 소녀가 전생에 내 부모일 수 있다고 생각하면 모른 척 할 수 있겠는가? 아닐 것이다. 자연히 손가락이 휴대전화로 가서 사랑의 나눔을 실천할 것이다. 이렇게 보면 윤회라는 상징과 방편을 통해 불교의 핵심인 연기와 자비를 전할 수 있는 것이다.

검증할 수 없는 문제를 두고 옳고 그른 것을 따지는 것은 무의미하다. 서구 중세의 역사가 이를 말해 준다. 중세 철학자들은 신이 존재한다는 것을 증명하기 위해 무려 천년이라는 시간을 낭비했다. 결과는 모두 실패로 끝났다. 그러나 이러한 역사를 통해 얻은 교훈이 있다. 신은 검증의 대상이 아니라 신앙의 대상이라는 것이다. 이와 마찬가지로 전생과 윤회의 문제 역시 검증의 대상이 아니라 믿음의 대상이기 때문에 이를 두고 옳으니 그르니 하는 것은 바람직하지 않다. 그보다는 그것이 자신의 삶에서 갖는 의미를 성찰해 보는 것이 중요하다.

윤회의 문제를 어떻게 보는가는 개인의 자유이고 선택이다. 그래서 전생을 믿는 불자도 있고 믿지 않는 승려도 있다. 그것을 믿는다고 불자이며, 믿지 않는다고 불자가 아니라고 말하는 것은 편협한 생각이다. 현재의 삶을 중심으로 윤회를 해석하면 불교는 철학이지 종교가 아니지 않느냐고 반문하는 사람도 있다. 불교는 무조건적 믿음에 철학적 메스를 가하는 종교다. 윤회에 담긴 의미와 속내를 합리적으로 고민하는 이유도 바로 여기에 있다.

07

세계를 바라보는
두 가지 시선

색 즉 시 공   **VS**   공 즉 시 색

색을 밝힌 경전 『반야심경』

'색즉시공色即是空'이라는 말은 모르는 사람이 없을 정도로 널리 알려진 불교 용어다. 이 용어가 한 코미디 영화의 제목으로 인용되기도 했으니 많은 사람에게 익숙한 것만은 분명하다. 영화 〈색즉시공〉은 색을 밝힌 영화다. 여기에서 '색色'은 성性을 의미한다. 흔히 여색을 밝힌다고 할 때 사용하는 말이다. 이 영화는 외모나 성적 매력만 보고 여성을 판단하는 현대 남성의 왜곡된 의식을 비판하고 진정한 사랑의 의미를 찾는다는 의도로 만들었다고 한다. 이 영화의 영어 제목은 〈Sex is zero〉다. 발상이 참으로 기발하다.

『반야심경』 또한 색을 밝힌 경전이다. 불교의 정수를 담은 지혜의 경전을 두고 색을 밝힌다는 상스러운 표현을 하니 의아하게 생각할 수 있다. 여기에서 말하는 '색色'은 모양을 갖춘 모든 존재를 의미한다. 예컨대 책상이나 연필, 나무, 휴대전화 등 눈앞에 보이는 모든 것을 뜻하는 것이 '색'이란 용어다. 따라서 색을 밝힌다는 것은 존재하는 모든 것의 참모습을 왜곡하지 않고 있는 그대로 밝게 보여 준다는 의미다. 바로 『반야심경』에서 말이다.

그렇다면 이 경전에서는 존재의 참모습을 어떻게 그리고 있을까? '색즉시공'이란 말에 그 답이 있다. 즉 존재하는 모든 것의 참모습이 공하다는 것이다. 원래 '공空, Śūnyatā'이란 말은 벌에 쏘였을 때 부풀어 오른 상태를 가리킨다. 벌에 쏘이면 그 부분이 부풀어 오르지만 속은 텅 비었기 때문에 시간이 지나면 원래 모습으로 돌아온다. 이런 현상을 공에 비유해 모든 존재는 실체가 없다는 의미로 쓰게 된 것이다.

그런데 공에 대한 해석이 너무도 다양해 그 의미를 제대로 이해하기가 만만치 않다. 사실 모든 존재가 공하다는 것은 온갖 욕망과 번뇌에 취해 사는 우리의 눈으로 본 세계가 아니라 깨친 눈으로 바라본 체험의 세계다. 이 때문에 그 의미를 제대로 이해하는 것 자체가 무리일 수 있다. 그러면서도 우리는 '공'이라는 말을 자주 쓰면서 산다. 가요

계의 양대 라이벌로 유명한 나훈아와 남진 역시 이 말을 노래에 담아 부르기도 하였다. 나훈아는 아예 노래 제목을 '공'이라고 붙여서 "살다 보면 알게 돼. 비운다는 의미를."이라고 노래했다. 남진 역시 '빈잔'이라는 노래에서 "어차피 인생은 빈 술잔 들고 취하는 것"이라고 노래했다. 그러고 보면 우리는 마음속에 무언가 가득 들어차서 힘들 때 '비운다.'는 말을 참으로 많이 하는 것 같다. 비워야 또 다른 무언가를 채울 수 있을 테니 말이다.

이렇듯 자주 쓰면서도 그 의미를 쉽게 파악하기 힘든 상황인데, 『반야심경』에는 '공즉시색空卽是色'이란 말이 '색즉시공'에 이어 바로 등장한다. 이쯤 되면 사람들은 아예 그 뜻을 이해하려는 시도를 쉽게 포기하고 만다. 모든 것이 공하다는 의미를 겨우 이해하는 듯싶었는데, 그것을 다시 부정하니 말이다. 도대체 어떻게 된 것일까? 이러한 자기 부정을 감행할 만큼 무슨 중요한 의미가 있는 것일까? 그 속내를 들여다보자.

색즉시공, 분별하지 않는 마음

'공'이란 용어가 처음 등장한 것은 대승불교 운동이 시작되었을 때이다. 대승불교는 부파불교에 의해 왜곡된 붓다의 가르침을 회복하자는 의도에서 출발했다. 불교는 깨달음과 자비, 이 두 축을 중심으로 하는 가르침이다. 그런데 부파불교에 이르러 깨달음만 너무 강조한 나머지 자비라는 한 축이 무너지게 되었다. 그러니 불교라는 건물 전체가 온전할 수 없었다. 대승불교 운동을 일으킨 사람들은 자비의 축을 일으켜 세워 불교라는 건물을 재건하고자 한 것이다. 공 사상은 그들이 붓다의 근본정신으로 돌아가자며 벌인 운동의 첫 작품이다. 즉 그들은 붓다의 근본 가르침인 연기와 무아를 '공空'이라는 새로운 용어로 해석한 것이다. 대승불교가 근본불교와 연속성을 갖는 이유도 바로 여기에 있다.

대승불교 초기에 이러한 공 사상을 담은 여러 경전이 만들어지는데, 그 수가 무려 600권에 이른다. 이것을 『반야경』이라 한다. 『반야경』은 한 권의 경전이 아니라 경전 군群을 일컫는 말이다. 이처럼 많은 경전을 5,000여 자로 줄인 것이 『금강경』이며, 이것을 다시 핵심만을 간추려 270자로 압축한 것이 『반야심경』이다. 수백 권의 책을 한 편의 시로 압축했다고 보면 될 것이다. 그러니 한 단어마다 얼마나 많은 내용이 함축돼 있겠는가. 『반야심경』이 어려운 것도, 이 경전을 불교의 진수로 평가하는 이유도 바로 여기에 있다.

한 동네에서 친하게 지내는 동생이 자기 친구가 만들었다며 영화 〈반창꼬〉를 추천하기에 본 적이 있다. 이 영화는 어려운 여건에서도 위험에 빠진 사람들을 구하는 소방대원들의 이야기를 그린다. 영화 주인공들이 사랑을 통해 지난날의 상처를 치유해 가는 모습이 감동으로 다가왔다. 이뿐만 아니라 이 영화는 우리에게 생명의 의미를 다시 한번 일깨워 준다. 영화의 여러 장면 중 소방대원 둘이서 목욕탕에서 나누는 대화가 인상적이다. 한 선배가 후배에게 어머니와 아버지가 물속에 빠지면 누구부터 구해야 하느냐고 물었다. 그러자 그들 옆에서 때를 밀던 청년이 '당연히 가까이 있는 사람부터 구해야죠.'라고 답한다. 그 장면을 보는 순간 마음속으로 '아하! 이것이 바로 공이구나.' 하며 그 의미를 새길 수 있었다.

초등학교 시절로 기억된다. 수업 시간에 선생님은 어머니와 아들이 바다에 빠지면 반드시 어머니부터 구해야 한다고 했다. 아들은 다시 낳을 수 있지만 어머니는 그럴 수 없기 때문이라는 것이다. 그러면서 선생님은 효孝의 중요성을 강조했다. 그때는 '아하! 그렇구나.' 하고 고개를 끄덕였지만, 선생님의 말이 생명을 얼마나 왜곡하는지 알게 된 것은 한참이 지난 후였다. 아마 불교를 공부하면서 생명에 대해 새롭게 성찰한 덕분일 게다.

과연 물속에 어머니와 아버지 혹은 아들이나 아내가 빠지면 누구부터 구해야 할까? 실제로 그런 상황이 벌어지면, 정신이 혼미해져 쉽게 판단을 내리기 어려울 것이다. 그러나 이 이야기를 통해 우리는 공의 의미를 헤아릴 수 있다. 어릴 적에 들은 '어머니부터 구해야 한다.'

는 선생님의 말에는 '효'라는 이름으로 생명에 값을 매기는 분별심이 있다. 어머니가 10의 가치를 가졌다면 아이는 8, 아내는 6의 가치를 가졌다는 것이다. 이 얼마나 생명에 대한 왜곡된 분별이란 말인가. 생명은 그 자체로 절대적 가치를 지닌다. 돈을 아무리 많이 줘도 목숨과 맞바꿀 수 없는 이유가 여기에 있다. 그런 면에서 보면 영화 속 때밀이 청년의 대사, 즉 가장 가까이 있는 '사람'부터 구해야 한다는 대답은 정말이지 생명에 대해 분별하지 말라는 공의 의미를 잘 보여 준 대사다.

'공'은 곧 평등을 의미한다. 따라서 어머니와 아들이라는 '색'에 대해 결코 그 가치를 분별해서는 안 된다는 것이 '색즉시공'에 담긴 의미다. 다만 우리는 분별심 때문에 모양이 있는 모든 존재를 색안경을 쓰고 이러니저러니 하면서 저울질하는 것이다. 공은 바로 그 색안경을 벗고 모든 존재를 있는 그대로 보라는 가르침이다. 그럴 때 비로소 어머니와 아들, 산과 물이 모두 평등한 자리에서 어우러져 있음을 여실히 볼 수 있다. 그 유명한 '산은 산이 아니요, 물은 물이 아니다.'라는 말은 산이 곧 물이며, 물이 곧 산이라는 '색즉시공'의 경지를 보여 준다.

그렇다면 『반야심경』은 왜 모든 존재가 평등하다고 이야기할까? 바로 모든 것은 서로 더불어 존재하는 연기를 바탕으로 하기 때문이다. 어머니는 아들의 존재의 이유이며, 아들은 어머니의 존재 이유다. 그러니 서로 그 가치를 분별하지 말고 평등하게 보라는 것이다. 이처럼 대승불교에서는 붓다의 근본 가르침인 연기를 공으로 재해석하는 것이다.

공즉시색, 아름다운 분별

이처럼 '색즉시공'에는 분별이 소멸된 평등의 의미가 내포돼 있다. 그렇다면 왜 다시 그것을 부정하여 '공즉시색'이라고 했을까? 즉 모든 존재는 평등한데, 왜 다시 서로 다른 모양으로 보아야 하느냐는 것이다. 그것은 우리가 사는 곳이 평등으로만 살아지는 세계가 아니기 때문이다. 예컨대 어머니와 아들이 둘이 아닌 하나의 바탕이라 해서 어머니가 아들일 수는 없지 않은가. 어머니와 아들은 공이기 때문에 서로 평등하지만, 현실에서 어머니는 어머니의 역할이 있고 아들은 아들의 역할이 있기 마련이다. 공이라는 체험을 통해 분별이 소멸되면, 색을 통해 다시 서로 다른 모습과 역할을 보아야 한다는 것이다. 산과 바다는 서로 연기적으로 통해 있지만 등산을 하려면 산으로 가야지 바다로 갈 수는 없다. '산은 산이요 물은 물이다.'라는 말은 이러한 '공즉시색'의 경지를 보여 준다.

그러나 여기에서 주목할 것이 있다. 그것은 바로 '색즉시공'의 색과 '공즉시색'의 색은 질적 차원이 다르다는 사실이다. 앞의 색은 모양이 다르다는 이유로 색안경을 쓰고 바라본 분별의 세계다. 반면 뒤의 색은 색안경을 벗고 바라본 분별의 세계다. 분별이 소멸된 평등의 바탕에서 바라본 다양성의 세계는 그래서 아름다운 것이다. 이처럼 멋진 경지를 '무분별의 분별'이라고 한다. 그래서 질적으로 다르다고 한 것이다. 예를 들어 사랑을 시작한 연인이 함께 공원을 걷다가 벤치 앞에 다다랐다고 하자. 서로의 손이 닿을 듯 말 듯 가슴 떨리는 상황에서 두 사람이 앉게 된 벤치는 설렘의 대상이다. 그러나 결혼 후 부부가 아이의 손을 함께 잡고 걷다 앉게 된 벤치는 평화와 행복의 대상이다. 같은 벤치이지만 시간과 상황에 따라 다른 의미를 갖는 것처럼, 두 가지 색 역시 질적으로 의미가 다른 것이다.

여기에서 주의할 것이 있다. 그것은 바로 '색즉시공'이나 '공즉시색'은 세계를 바라보는 우리의 시선을 두고 한 말이라는 사실이다. 우리가 색안경을 벗고 존재의 참모습을 보든 아니면 왜곡된 눈으로 보든, 세계는 그저 있는 그대로 있을 뿐이기 때문이다. 그러나 세계를 어떻게 바라보느냐에 따라 우리 삶의 내용과 의미는 많이 달라진다. 어떻게 달라진다는 것일까? 분별의 눈으로 세계를 보면 대립과 갈등을 피할 수 없지만, 평등의 눈으로 보면 조화와 공존이 가능하다. '색즉시공'과 '공즉시색'은 바로 나와 다르다는 이유로 대립하며 살았던 나의 삶을 사랑과 공존의 삶으로 일대 전환하는 생생한 체험인 것이다.

우리 사회도 외국인이 많이 들어오면서 다문화 가정이 정착되고 있다. 동남아의 많은 남성이 한국에 들어와 노동자라는 이름으로 살고 있다. 또 많은 외국 여성이 한국인과 결혼해 전국 각지에서 가정을 꾸리며 살고 있다. 이 과정에서 우리는 너무도 부끄러운 모습을 많이 보였다. 가난한 나라에서 왔다는 이유로 우리는 그들을 얼마나 무시하고 또 차별하였는가. 열심히 일한 외국인 노동자에게 정당한 월급을 주지 않는 경우가 다반사였으며 그들이 일하다 다쳐도 외면하기 일쑤였다. 어디 그뿐인가. 외국인 여성과 한국인 남성 사이에서 태어난 아이에게 모습이 우리와 다르다는 이유로 얼마나 많은 마음의 상처를 주었는가. 미국이나 유럽에서 우리가 동양인이라는 이유로 받은 상처를 우리 역시 그들에게 주고 있는 것이다. 정말이지 부끄럽고 창피한 일이며, 또 우리 사회 전체가 반성해야 할 일이다. 이러한 삶이 『반야심경』에서 말하는 색으로 사는 우리의 자화상인 것이다.

몇 해 전 한국인 어머니와 미국인 아버지 사이에서 태어나 갖은 고생을 하며 살았던 하인즈 워드Hines Ward가 미국인이 열광하는 슈퍼볼 게임 결승전에서 우승과 동시에 최우수선수로 뽑혀 우리나라를 찾은 적이 있다. 나는 그때 텔레비전을 통해 그가 공항에서 인터뷰하는 과정을 지켜보았다. 그는 한국말이 서툴러 영어를 사용했는데, 그래서인지 그의 말이 잘 들어오지 않았다. 그런데 유독 한마디가 내 귓가에 오래도록 남아 있다. 바로 이 말이다.

"Love has no color."

사랑에는 색이 없다는 뜻이다. 피부색이 다르다는 이유로 온갖 무시와 차별을 서슴지 않는 전 세계인에게 경종을 울리는 한마디였다.

그는 한국에서 상처 입은 다문화 가정 아이들에게 남과 다르다는 것이 결코 부끄러운 일이 아니라는 메시지를 전해 주었다. 그가 한국 사회에 남긴 사랑과 희망의 메시지는 우리 자신을 부끄럽게 했고, 또 다문화 가정을 바라보는 우리의 시선을 조금은 따뜻하게 하였다. 그리고 그가 출국하고 얼마 지나지 않아 반가운 뉴스를 접했다. 우리나라에서 차별의 상징 단어로 사용되던 '살색'이라는 말이 공식적으로 사라진 것이다.

『반야심경』의 '색즉시공'과 '공즉시색'은 하인즈 워드의 저 말 속에 깊이 녹아 있다. 진정한 사랑은 '색'이라는 차별이 소멸될 때 나오는 것이며, 또 그럴 때 비로소 나와 다른 것을 진정 아름답게 볼 수 있는 것이다. 선거철마다 고개를 내미는 지방색도 우리가 극복해야 할 시대적 과제다. '우리가 남이가!'라는 말은 나와 지역이나 피부색이 다른 사람을 향할 때는 세상에서 가장 아름다운 말이다. 하지만 끼리끼리 골방에 모여 자기들끼리 할 때는 세상에서 가장 천박한 말이다.

공은 일체의 분별이 사라진 평등의 자리다. 그 자리에서 나오는 분별은 나와 다른 것을 인정하는 아름다운 분별이다. 그럴 때 비로소 자유와 평화, 행복이 우리 앞에 다가올 것이다. 그리고 '공'의 자리는 우리가 꿈꾸는 영원한 희망의 나라일 것이다. '자유, 평등, 평화, 행복 가득한 곳 희망의 나라로' 나아가는 첫걸음은 내 안의 작은 차별을 돌이켜 보는 일이 될 것이다.

불교는 결코 인간의 정상적 욕구를 부정하지 않는다. 그러나 비정상적이며 나와 세계를 파괴할 수 있는 탐욕, 즉 나쁜 욕구에 대해서는 경계를 늦추지 않는다. 대신 나와 세계가 더불어 살 수 있는 욕구를 강조한다. 그럴 때 비로소 참다운 행복을 누릴 수 있기 때문이다.

2부

열린 마음

08

마음은 모든 것을
만들어 내지 않는다

유심唯心 **VS** **여여**如如

개고기를 먹게 된 사연

나는 개고기를 먹지 않았다. 아마 개고기에 대한 선입견이 무의식에
남아 있어서 그랬던 것 같다. 어린 시절 방학을 하면 시골에 있는 외가
에 자주 놀러 가곤 했다. 내가 닭고기를 좋아했기 때문에 외가에 갈 때
마다 외삼촌과 외숙모는 마당에서 뛰어놀던 닭을 잡아서 내게 맛있는
요리를 해 주었다. 그때 외숙모가 해 준 닭볶음탕은 내겐 평생 잊을 수
없는 최고의 맛이다.

당시 외가에서는 닭뿐만 아니라 개와 소, 돼지, 염소 등을 키웠는데 어느 날 끔찍한 장면을 목격하고 말았다. 어른들이 개를 잡는 장면을 어린 눈으로 보게 된 것이다. 어른들은 나무에 개를 매단 채 몽둥이로 때렸고, 개는 똥과 오줌을 누면서 눈물을 흘렸다. 그때 고통 속에서 죽어 가는 개의 슬픈 눈과 내 눈이 정면으로 마주치게 되었다. 죽어 가면서 나를 바라보던 그 눈빛을 지금도 잊을 수가 없다. 그 기억 때문인지 나는 성인이 되어서도 개고기를 먹을 수가 없었다.

　　그러던 어느 해 여름으로 기억된다. 그날이 마침 복날이라서 주위 분들이 개고기를 먹으러 가자고 하였다. 나는 못 먹는다고 했더니 그 음식점은 삼계탕도 같이 하니 괜찮다고 했다. 그래서 다른 사람들은 모두 보신탕을 주문했고 나만 따로 삼계탕을 시켰다. 그런데 음식이 나오기 전에 순대 내장 비슷한 것이 먼저 나왔다. 나는 그것이 순대인 줄 알고 먹었는데 아주 맛있었다. 그러자 주위에서 개고기를 못 먹는다면서 잘도 먹는다고 말하는 것이었다. 알고 보니 그것은 순대가 아니라 개고기 수육이었던 것이다. 순간 나도 모르게 '아니, 이게 개고기라고!' 하는 소리가 입에서 절로 나왔다. 내 의지와 관계없이 개고기를 처음으로 먹게 된 것이다.

　　내가 먹은 음식이 개고기라는 사실을 알게 된 순간 해골 물을 마시고 깨달음을 얻었다는 원효 스님이 생각났다. 널리 알려진 것처럼 원효 스님은 의상 스님과 함께 당나라로 가던 중 날이 저물어 어느 무덤 옆에서 자게 되었다. 한밤중이라 그곳이 무덤이라는 것도 몰랐던 모양이다. 마침 목이 말라 옆에 고여 있던 물을 마셨는데, 그렇게 시원할 수가 없었다. 그런데 다음 날 아침이 되자 어젯밤에 마신 물이 다름 아닌 해골에 고인 물임을 알게 되었다. 그 순간 원효 스님은 심한 구역질을 느낄 수밖에 없었다.

아마 내가 먹은 수육이 개고기라는 사실을 몰랐다면 나는 그것을 계속 맛있게 먹었을 것이다. 원효 스님 또한 그가 마신 물이 해골 물이라는 것을 몰랐다면, 그 물은 원효 스님의 마음속에 영원히 시원한 물로 남았을 것이다. 문제는 마음이 그 대상을 알았다는 데 있다. 몰랐을 때는 그저 시원한 물이었는데, 알고 나니 구역질 나는 물이었던 것이다. 참으로 이상한 일 아닌가? 원효 스님이 마신 물은 어젯밤이나 오늘 아침이나 하나도 변하지 않았는데, 같은 물에 대해 전혀 다른 반응을 보였으니 말이다.

원효 스님의 이야기를 통해 사람들에게 널리 회자되는 말이 있다. 바로 '마음이 모든 것을 만들어 낸다一切唯心造.'는 것이다. 마음이 무슨 도깨비 방망이도 아닌데 무엇을 만들어 낸다는 것일까? 정말 그렇다면 불교는 관념론을 주장하는 것일까? 그 속사정을 한번 들어 보자.

마음은 모든 것을 만들어 내는가?

원효 스님은 이 사건을 계기로 중국 유학을 포기하고 신라로 돌아온다. 굳이 중국에 갈 필요성을 느끼지 못했던 것이다. 불교의 근본인 마음을 깨치기 위해 중국에 가려 했는데, 도중에 이미 목적을 이루었기 때문이다. 원효 스님은 그때의 심정을 이렇게 시로 남겼다.

> "마음이 생기므로 모든 것이 생기고心生則種種法生,
>
>   마음이 멸하므로 해골과 내가 둘이 아니다心滅則髑髏不二."

마음이 시원하다고 생각하면 그 대상은 시원한 물로 규정되고, 반면에 마음이 역겹다고 생각하면 그 대상은 역겨운 물로 규정되고 만다. 이처럼 원효 스님은 마음의 움직임에 따라 대상의 모습을 이렇게도 저렇게도 바꾸면서 살아가는 현실을 여실히 보게 된 것이다. 즉 같은 대상이라도 보는 사람의 마음에 따라 얼마든지 달리 보일 수 있다는 것을 생생한 체험을 통해 확인한 것이다.

우리도 일상에서 이런 경험을 많이 한다. 매일 똑같이 먹는 한 그릇의 밥도 배가 고팠을 때는 적어 보이고, 반대로 배가 불렀을 때는 많아 보인다. 마음이 같은 양의 밥을 적거나 혹은 많다고 규정하는 것이다. 언젠가 한 목사 분과 함께 기독교 공동체 마을을 방문한 적이 있다. 불교와 기독교의 만남이라는 차원에서 이루어진 것이었다. 그때 그분이 내게 손바닥만 한 크기의 작고 얇은 책을 주었다. 그 책에는 자신이 그 마을을 방문한 기억이 담겨 있었다. 읽어 보니 인상적으로 다가온 부분이 있었다. 그분이 공동체 마을에서 설교를 마치고 버스 정류장으로 가는 길에 비가 내린 모양이었다. 마침 우산을 준비하지 못해 짜증이 났던지 자신도 모르게 '에이, 우산도 없는데 비가 내리네.'라는 말이 입 밖으로 불쑥 튀어나왔다. 자신을 배웅하기 위해 따라온 시골 아낙네 입에서 "아! 비를 주시네." 하는 말이 나오더라는 것이다. 같은 비인데도 그것을 보는 사람의 마음에 따라 달리 느껴진 것이다. 하늘에서 내리는 비에 감사할 줄 아는 시골 아낙네의 마음을 보면서 명색이 성직자인 자신이 그렇게 부끄러울 수 없었다는 것이다. 그 일을 계기로 자신을 다시 한번 돌아보게 되었다는 취지의 글이었다. 그 글을 읽으면서 문득 원효 스님의 이야기가 생각났고, 마음은 종교와 관계없이 대상과 만나는 우리의 삶을 크게 좌우한다는 사실 또한 확인할 수 있었다.

그렇다. 마음은 그 대상을 어떤 모습으로도 바꿀 수 있는 묘한 힘이 있다. 이처럼 마음을 강조하는 모습을 보고 흔히 불교를 관념론이라고 말한다. 철학의 근본 문제라고 일컬을 정도로 중시된 관념론과 유물론의 대립은 오랜 세월 사람들의 정신세계에 큰 영향을 미치면서 그 위력을 과시하였다. 그런 논의의 과정에서 불교가 자신의 의도와는 다르게 관념론에 포함된 것이다.

서구 관념론의 역사는 플라톤Platon, BC 428~348까지 거슬러 올라간다. 그는 이데아idea, 즉 관념은 모든 사물의 본질로서 영원불멸하며, 구체적 사물은 단지 이데아의 모사에 지나지 않는다고 주장했다. 쉽게 말해 이데아가 원본이라면 눈에 보이는 모든 사물은 그 복사본에 지나지 않는다는 것이다. 그런데 복사본은 원본이 없이는 존재할 수 없다는 점에서 관념의 중요성은 이루 말할 수 없을 것이다. 이런 경향은 헤겔에 이르러 절정에 이른다. 그는 세계와 역사가 실재하는 것처럼 보이지만, 사실은 그렇지 않다고 한다. 즉 세계와 역사는 구체적으로 존재하는 것이 아니라 절대정신의 자기 전개라는 것이다. 플라톤의 이데아가 헤겔에 이르러 절대정신으로 해석된 것이다. 헤겔의 이런 입장을 서양 철학에서는 절대적 관념론이라고 부른다.

마음이 모든 것을 만들어 낸다는 '일체유심조'를 글자 그대로 이해한다면 불교는 관념론이 분명하다. 정말 원효 스님은 해골 물을 마시고 나서 관념론의 정당성을 밝히고 싶었을까? 이를 알기 위해서는 앞서 언급한 원효 스님의 시, 즉 '마음이 생기므로 모든 것이 생긴다.'는 앞부분과 '마음이 멸하므로 해골과 내가 둘이 아니다.'라는 뒷부분의 차이를 가까이서 들여다보아야 한다.

그저 있는 그대로 있을 뿐인데

이해를 돕기 위해 한 가지 이야기를 더 해야겠다. 바로 달마 대사가 인도에서 들여온 선불교를 중국화한 혜능慧能 선사에 관한 것이다. 그는 스승인 홍인弘忍 선사에게 인가를 받고 무려 15년이라는 시간을 은거하며 지냈다. 그러던 어느 날 인종印宗 법사가 법성사法性寺에서 『열반경』을 강의할 때 혜능 선사가 조용하게 등장한다. 그때 마침 바람에 깃발이 펄럭이는 모습을 보고 두 승려가 논쟁을 시작했다. 한 승려는 바람이 움직인다 하고, 다른 승려는 깃발이 움직인다고 주장하였다. 논쟁이 팽팽하게 맞서던 그때 누군가 홀연히 나타나서 논쟁을 종식시키는 한마디를 남긴다.

> "바람이 움직이는 것도, 깃발이 움직이는 것도 아니다. 다만 그대들의 마음이 움직이고 있을 뿐이다."

바로 혜능 선사였다. 순간 정적이 흘렀다. 혜능 선사의 이 말은 논쟁의 끝을 알리는 종소리와 같았다. 마음이 움직인다는데 더 이상 무슨 말이 필요하겠는가. 그렇다면 왜 혜능 선사는 마음이 움직인다고 했을까? 그도 분명 눈으로 바람과 깃발이 움직이는 것을 보았을 텐데 말이다. 그것은 바로 한 승려의 마음은 바람에 가 있었고, 다른 승려의 마음은 나부끼는 깃발에 가 있었기 때문이다. 그래서 바람에 마음이 가 있던 승려에게는 깃발이 보이지 않았고, 깃발에 마음이 가 있던 승려에게는 바람이 보이지 않았던 것이다. 결국 움직인 것은 다른 것이 아니라 그들의 마음이었던 것이다. 즉 대상은 그저 있는 그대로 있을 뿐인데 그 대상을 각자의 마음이 이러니저러니 하면서 규정했던 것이다. 마치 원효 스님이 해골 물을 마시고 시원하다거나 혹은 역겹다고 느꼈듯이 말이다. 혜능 선사는 어느 한곳에 집착해 대상을 규정하는 그들의 마음을 돌이켜 보라고 지적한 것이다.

대상은 마음과 무관하게 그저 여여如如하게, 즉 있는 그대로 있을 뿐이다. 다만 우리의 마음이 대상을 두고 집착하는 것이다. 그래서 원효 스님은 아름다움과 추함은 나에게 있지 사물에 있는 것이 아니라고 하였다. 역겹다거나 시원하다는 것은 해골이라는 사물에 있는 것이 아니라 오직 원효 스님의 마음에만 있었던 것이다. 해골은 어제 저녁이나 오늘 아침이나 변한 것이 없는데, 다만 원효 스님의 마음이 변했을 뿐이다. 속된 말로 원효 스님은 자신이 대상을 두고 지랄을 하고 있다는 것을 깨달은 것이다. 그의 말대로 마음이 생기므로 모든 것이 생긴 것이다.

그런데 그 마음이 멸하는 순간 원효 스님과 해골은 더 이상 둘이 아니었다. 둘일 때 해골은 그의 마음이 시키는 대로 시원하다거나 혹은 구역질 나는 대상이었는데, 그 마음이 멸하는 순간 해골은 그저 있는 그대로 있었던 것이다. 즉 모든 것을 만들어 내는 그 마음을 내려놓을 때 비로소 대상과 하나가 될 수 있는 것이다. 그래서 원효 스님은 해골을 왜곡하지 않고 여여하게 볼 수 있었다. 불교가 관념론이 아닌 이유가 바로 여기에 있다. 사물은 마음의 복사본이나 자기 전개가 아니라, 마음과 관계없이 그저 있는 그대로 존재할 뿐이라는 것이 불교적 관점이다. 다만 현재의 마음 상태에 따라 대상을 제멋대로 규정하는 것이 번뇌 망상임을 지적하는 것이다. 그런 상태에서는 대상을 제대로 볼 수 없기 때문에 마음의 색안경을 벗고 보라는 것이다.

'다만 마음이 움직일 뿐'이라는 혜능 선사의 말에는 또 다른 중요한 의미가 내포돼 있다. 그것은 마음이 한곳에 집착하는 한, 다른 상황을 볼 수 있는 여유가 없게 된다는 것이다. 만약 두 승려가 마음을 깃발이나 바람에 빼앗겼다면, 옆에서 누군가 아파서 쓰러져도 볼 수 없었을 것이다. 그들의 마음이 깃발이나 바람으로 가득 차서 아픈 사람을 담을 수 있는 공간이 없기 때문이다. 마음은 한곳에 집착하면 바로 옆에 있는 사람도 볼 수 없게 만드는 위력이 있다. 일상에서도 흔히 경험하지 않는가. 거실에 앉아 텔레비전 드라마에 너무 몰두하면 가족이 들어오는 것도 보지 못하는 것처럼 말이다. 혜능 선사는 바로 집착하는 마음의 위험성을 지적한 것이다.

우리는 경험이라는 이름으로 다른 사람에 대해 너무나 많은 규정을 내리면서 산다. 살아온 경험을 통해 저 사람은 나쁜 사람이라고 규정하면, 그 사람이 아무리 선한 행위를 해도 온통 위선으로 보인다. 반대로 그가 좋은 사람이라고 판단을 내리면, 그 사람이 나쁜 행위를 해도 '무슨 이유가 있겠지.' 혹은 '뭔가 오해가 있을 거야.' 하면서 그를 변호하고 나선다. 이런 행위는 모두 마음이 색안경을 쓰고 대상을 왜곡하는 것이다. 그러니 대상이 제대로 보일 리가 있겠는가. 요즘 우리 사회에 만연한 종북 놀이 또한 이와 다르지 않다. 마음이 보고 싶은 대로 제멋대로 보고 있을 뿐이다. 마음은 결코 모든 것을 만들어 내지 않는다. 다만 우리 마음이 대상에 대해 지랄하고 있을 뿐이다. 원효 스님과 혜능 선사는 그것을 우리에게 일러 주는 것이다.

그런데 혜능 선사의 이 일화를 두고 무문 혜개無門慧開, 1183~1260 선사는 이렇게 평하였다.

"그것은 깃발이 움직이는 것도, 바람이 움직이는 것도, 마음이 움직이는 것도 아니다."

혜능 선사는 마음이 움직인다고 했는데, 혜개 선사는 왜 다시 그것을 부정해 마음이 움직이는 것도 아니라고 했을까? 이에 대한 해석은 독자의 몫으로 남겨두고 싶다. 사색의 시간이 필요할 테니 말이다.

09

고행을 해야
깨달음을 얻을 수 있는가?

고행 **vs** **중도**

불교와 고행

우리나라의 절에 가면 어디서나 인자한 모습의 불상을 만날 수 있다. 대웅전에 모셔진 불상을 보고 있으면, 포근하면서도 원만한 성품을 지닌 한국인과 많이 닮았다는 생각을 하게 된다. 왜 아니 그렇겠는가. 문화는 그 지역 사람들의 삶의 모습을 반영하니 말이다. 언젠가 일본 나라奈良 지역에서 개최한 학술회의에 참석한 적이 있다. 그때 어느 사찰에서 보살상을 보고 그 아름다움에 감탄한 적이 있는데, 마치 기모

노를 입은 일본 여인네 모습이 연상되었다. 이런 표현이 어떨지 모르겠지만, 그때 머릿속에 떠오른 느낌은 매우 섹시하다는 것이다.

이처럼 불상은 그것을 만든 사람들의 살아가는 모습이 투영되기 마련이다. 그래서 최초로 만든 불상도 지역에 따라 그 모습이 달랐다. 비슷한 시기에 인도의 두 지역에서 불상을 만들었는데, 간다라 지역에서 만든 불상이 서구인의 얼굴을 닮았다면 마투라 지역에서 만든 불상은 인도인의 모습을 하고 있다. 알다시피 간다라 지역은 당시 인도의 서북쪽에 위치했기 때문에 서양의 문물과 접촉이 많았던 곳이다. 그런 문화가 불상에도 그대로 반영된 것이다.

그런데 실제 붓다의 모습은 우리나라 절에서 보는 불상과는 사뭇 다르다. 붓다는 고행을 많이 했기 때문에 갈비뼈가 드러날 정도로 마른 모습을 하고 있다. 파키스탄 라호르 박물관에 있는 붓다의 고행상은 이를 잘 보여 준다. 이 고행상은 간다라 미술의 극치로 알려졌는데, 평생을 수행과 포교로 일관한 그의 고단한 삶이 느껴지기도 한다.

그래서인지 불교와 고행을 마치 한 몸처럼 인식하는 사람이 많은 것 같다. 즉 고행을 해야 깨달음을 얻을 수 있다고 생각하는 것이다. 불교 영화 중에서 수작으로 평가받는 〈만다라〉를 보면 깨달음의 길이 얼마나 어려운지 그대로 느낄 수 있다. 한 승려가 아무리 열심히 수행해도 공부의 진척이 없자 자신의 손가락을 태우던 장면은 지금도 잊을 수가 없다. 언젠가부터 이런 무거운 분위기와 달리 〈달마야 놀자〉 같은 가볍고 유쾌한 영화가 나와 불교에 대한 인식이 조금씩 바뀌고 있지만, 불교와 고행이 서로 뗄 수 없는 관계라는 인식은 여전한 것 같다.

잘 알려진 것처럼 싯다르타는 스물아홉이라는 나이에 출가해서 6년간 고행을 했다. 출가한 사문이 자신의 몸을 괴롭히는 수행을 하는 것은 일반적 모습이었다. 그런데 6년이 지난 어느 날 그는 강가에서 목욕을 한 후 고행을 버린다. 고행을 해야 해탈할 수 있다는 당시의 관행을 완전히 깨 버린 파격적인 모습이었다. 그를 따르던 사문 다섯 사람은 그런 모습에 실망해 싯다르타가 타락했다고 욕을 하면서 그의 곁을 떠나 버린다.

스스로 누구보다 열심히 고행했다고 자부하던 싯다르타가 그것을 버린 이유는 무엇일까? 고행을 바라보는 그의 시선을 잠시 느껴 보자. 이를 통해 고행을 해야만 깨달음을 얻을 수 있다는 오해도 조금은 풀릴 것이라 기대해 본다.

자이나교와 고행

누군가에게 받은 상처나 고통을 잊기 위해 스스로를 괴롭히는 경우가 있다. 자신의 몸을 일부러 힘든 상황에 몰아넣음으로써 그 고통을 잊으려는 것이다. 그것이 잠시 동안은 진통제 역할을 할지 몰라도 근원적인 치유가 될 수 있을까? 누구나 안다. 그것이 치유가 아니라 단지 그 상황을 잊기 위한 몸부림이라는 것을 말이다. 자신의 몸을 괴롭힌다고 해서 괴로운 상황을 벗어날 수는 없는 법이다.

경우는 조금 다르지만 자신의 몸을 괴롭힘으로써 어떤 목적을 달성하려는 경향이 붓다 당시에도 널리 퍼져 있었다. 사문들이 고행을 택한 이유는 바로 해탈을 위해서다. 자신을 속박하는 모든 것으로부터 벗어나 절대적 자유를 얻기 위해 그들은 고단한 길을 마다하지 않았다. 해탈은 인도인의 삶과 철학의 궁극적인 목적이다. 그래서 사문의 길을 선택하지 않은 일반인도 자신의 삶을 정리할 때가 되면 숲 속에 머물면서 명상하는 임서기林棲期와 인생의 마지막을 거리에서 마감하는 유행기遊行期의 삶을 보내는 것이다. 이처럼 해탈은 출가 여부를 떠나 모든 인도인의 삶에 깊이 내면화된 삶의 이유였다.

당시 인도의 대표적 사문이 바로 붓다와 자이나교Jainism의 창시자인 니간타 나타풋다Nigantha Nāthaputta이다. '니간타'는 속박을 벗어난 자를 의미하며, '나타풋다'는 나타족 출신의 사람을 의미한다. 즉 나타족 출신으로 일체의 속박에서 벗어난 사람이라는 뜻이다. 그런데 이것은 불교에서 부르는 이름이며, 자이나교에서는 '위대한 영웅'을 의미하는 '마하비라Mahāvīra'라고 부른다. 그는 여러 면에서 붓다와 많이 닮았다. 붓다와 동시대에 왕족의 아들로 태어난 그는 서른두 살에 출가해 12년간의 고행 끝에 해탈에 이르렀다고 한다. 그는 철저한 무소유와 불살생을 강조한 것으로도 유명하다. 그들이 몸에 실오라기 하나 걸치지 않고 수행하는 것이나 농사를 짓지 않는 것도 바로 소유와 살생을 금하고자 하는 신념에서 비롯되었다. 그들이 보기에는 옷도 일종의 소유물이며, 농사를 지으면 자칫 땅속에 있는 생명을 해칠 수도 있기 때문이다. 그들이 지켜야 할 계율을 오대서五大誓라 하는데, 불살생과 진실어 · 불도不盜 · 불음不淫 · 무소유가 바로 그것이다. 불교의 오계五戒와 너무도 흡사하다. 다만 불음주不飮酒 대신 무소유가 포함됐을 뿐이다.

그렇다면 왜 그렇게 자이나교와 불교가 닮았을까? 아마 붓다와 마하비라가 같은 문제의식을 가졌기 때문인 듯싶다. 즉 당시 사회를 지배한 바라문교가 대중에게 바른 길을 제시하고 있는가에 대한 문제 의식이었다. 둘은 모두 아니라는 결론에 도달했다. 그래서 바라문교의 성전인 베다Véda의 권위를 부정했으며, 출생에 의해 신분이 결정되는 사성제四姓制, caste system 또한 반대하였다. 당시에는 특정 계층만 사제가 될 수 있었는데, 불교와 자이나교는 이를 부정하고 어떤 계층의 사람도 사문이 될 수 있는 길을 활짝 열어 놓았다. 당시로서는 매우 혁명적이라 할 수 있는 내용들이다. 특히 바라문들이 신들에게 제사를 지낸다는 명분으로 부를 독점하거나 동물을 함부로 살생하는 행태를 그들은 강력히 비판하였다.

그러나 붓다와 마하비라는 해탈을 위한 방법론에서 큰 차이를 보인다. 붓다가 중도를 제시했다면, 마하비라는 고행을 선택했다. 그렇다면 마하비라는 왜 그렇게 고행에 집착했을까? 그것은 바로 업業을 바라보는 그의 시선 때문이다. 즉 그는 업을 미세한 물질로 파악하고 그것이 외부로부터 우리의 몸에 유입되었기 때문에 영혼을 속박한다고 믿었다. 그래서 윤회하는 삶이 되풀이된다는 것이다. 윤회하는 삶에서 벗어나기 위해서는 자신을 속박하는 업을 제거해야 하는데, 그것은 몸을 괴롭혀서 업이 우리 몸 밖으로 빠져나가게 하는 방법밖에 없다. 고행은 업이 몸 안으로 들어오는 것을 방어하는 동시에 몸 안에 남아 있는 업을 제거하는 수행이었던 것이다.

붓다의 방향 전환

싯다르타도 출가 당시에는 그 누구보다 극심한 고행을 했다. 하루에 한 끼 먹는 것은 일상이었고, 며칠씩 단식하는 것은 흔한 일이었다. 심지어 한 달 이상 식사를 끊은 적도 있다고 한다. 자신의 몸을 괴롭히기 위해 가시덤불 위에 눕는가 하면, 무덤가에 있는 시체 더미에서 잠을 자기도 하였다. 목욕은커녕 수염과 머리도 깎지 않아 그가 누구인지 알아볼 수도 없었다. 붓다 스스로 자신보다 심한 고행을 한 이는 없을 것이라고 말할 정도였다. 그렇게 6년이라는 시간이 흐르자, 그의 몸에서는 살집이라고는 찾아볼 수 없었고 그저 앙상한 뼈만 남아 있었다.

그는 스스로 이것은 아니라고 생각했다. 사람의 몸을 괴롭힌다고 윤회의 고통에서 벗어날 수 없음을 비로소 자각한 것이다. 그는 네란자라 강가로 가서 출가 후 한 번도 씻지 않았던 몸을 깨끗이 한 다음 수자타라는 여인이 건네주는 우유죽을 받아먹고 기운을 차린다. 이 장면을 목격한 다른 사문은 싯다르타가 타락했다고 욕하면서 그의 곁을 떠나 버린다. 사문이 목욕을 한다는 것은 곧 고행을 포기한다는 의미였기 때문이다.

그 누구보다 간절한 마음으로 치열하게 고행했던 젊은 수행자가 이를 그만둔 이유는 과연 무엇일까? 그는 깨달음을 얻은 후 이런 고백을 한다. 고행은 자기 자신에게 고통만 안겨 줄 뿐이며 깨달음을 얻는 데 결코 도움이 되지 않는다고 말이다. 그러면서 그는 수행자가 가까이해서는 안 될 두 가지 극단이 있다고 하였다. 하나는 감각적 즐거움에 빠지는 것이며, 다른 하나는 자기 자신을 학대하는 것이다. 즉 쾌락과 고행은 깨달음을 얻으려는 사람이 가장 경계해야 할 일이라는 것이다.

붓다는 이 두 가지 극단을 누구보다 잘 알고 있었다. 자신이 왕자의 몸이었을 때는 쾌락의 달콤함에 빠져 있었고 출가했을 때는 죽음을 넘나드는 혹독한 고행을 했기 때문이었다. 그는 생생한 체험을 통해 두 극단이 얼마나 위험한지 잘 알았던 것이다. 그래서 그는 쾌락에도 치우치지 않고 고행에도 치우치지 않는 중도中道의 실천을 제시하였다. 자신이 깨달음을 얻을 수 있었던 것도 고행을 버리고 중도를 실천했기 때문이었다. 그는 자신 있게 말한다. 중도야말로 세계를 바르게 볼 수 있고 깨달음과 열반으로 이끌 수 있는 참다운 길이라고 말이다. 붓다가 깨달음을 성취한 뒤 자신을 버리고 떠난 다섯 사문에게 가장 먼저 전한 가르침이 중도인 것도 다 이유가 있었던 셈이다.

그가 소나라는 비구에게 전한 중도의 가르침은 지금까지 유명한 일화로 전해져 온다. 소나는 지나칠 정도로 열심히 수행했으나 진척이 없자 공부를 그만두고 집으로 돌아가려 하였다. 그러자 붓다는 소나가 출가하기 전에 거문고를 잘 탔던 것을 알고서 공부를 거문고에 비유해 중도의 가르침을 전했다. 즉 거문고의 줄을 너무 팽팽하게 조이면 소리가 잘 나지 않고 반대로 줄을 너무 느슨하게 해도 소리가 잘 나지 않는다. 이처럼 공부도 지나치게 열심히 하거나 게을리 해서는 안 된다는 것이다. 이와 마찬가지로 불교의 수행 역시 중도에 맞게 적절히 해야 깨달음의 길로 나아갈 수 있다는 것을 멋진 비유로 설명한 것이다.

중도는 가운데를 의미하는 것이 아니다. 중도를 요즘말로 설명하면 '적절함'이라는 말이 어울릴 것이다. 추운 겨울에는 두꺼운 옷을 입는 것이 적절하며, 더운 여름에는 얇고 가벼운 옷을 입는 것이 적절하다. 그것이 바로 중도다. 지나치게 열심히 일하는 사람에게는 휴식이 적절하다. 일 중독증에 빠져 자신의 삶을 돌아보지 못하는 현대인에게 꼭 필요한 가르침이 아닐까 싶다.

『장자』에는 그림자와 관련해 재미있는 이야기가 실려 있다. 그림자를 싫어하는 어떤 사람이 그림자가 자꾸 자신을 따라오자 이것을 떨쳐 내려고 더 빨리 달리기 시작했다. 그러나 빨리 달리면 달릴수록 그림자는 더 빨리 따라올 수밖에 없었다. 이때 필요한 것이 무엇일까? 바로 그늘 속으로 들어가 쉬는 것이다. 나무 그늘도 좋고, 찻집에 들어가 차 한잔 마시면서 음악을 듣는 것도 좋을 것이다.

고통을 없애려고 자신을 괴롭히는 일은 마치 자신의 그림자를 떨쳐 내기 위해 태양이 내리쬐는 한낮에 더 빨리 뛰는 것과 같다. 어쩌면 붓다는 고행을 하면서 이것을 깨닫지 않았을까? 윤회하는 고통의 삶에서 벗어나기 위해 출가를 했는데, 자신의 몸을 괴롭힌다고 문제가 해결되는 것이 아니라는 사실을 말이다. 이것이 얼마나 어리석은 일인지 아는 데 붓다는 6년이라는 시간이 걸렸다. 그래서 붓다가 통찰한 중도는 제자들에게 살아 있는 가르침으로 전해질 수 있었다.

붓다가 제시한 중도의 구체적인 실천을 팔정도八正道라고 한다. 즉 여덟 가지 바른 길이라는 뜻이다. 그런데 바른 길正道은 바로 중도를 의미한다. 바른 길을 가는 데 극단적인 행위는 결코 도움이 되지 않는다. 그래서 붓다는 아무리 선한 일이라도 극단에 빠지면 죄악이 된다고 하였다.

열심히 한다는 것과 지나치다는 것은 질적으로 의미가 같을 수 없다. 불교는 지나친 것이 아니라 바른 정진을 중시하는 가르침이다. 고행에서 중도로 방향을 전환한 붓다의 통찰을 기억하자. 고행을 해야만 깨달음에 이를 수 있는 것은 아니다.

10

욕구에도
질이 있다

나쁜 욕구 vs 좋은 욕구

불교가 욕구를 부정한다고?

언젠가 동호회를 따라 등산을 한 적이 있다. 오랜 시간 산행을 한 탓인 지 목이 마르고 몸도 많이 피곤했다. 그래서 사람들과 함께 맥주를 조 금 마셨다. 갈증이 가시고 몸도 한결 가벼워진 것 같아 기분이 좋았 다. 그런데 버스를 타고 집으로 오는 길에 작은 문제가 발생했다. 화 장실이 무척이나 급했던 것이다. 아무래도 맥주를 마신 것이 문제였 던 것 같다. 사람들에게 폐를 끼칠 것 같아 말도 못하고 휴게소가 나올 때까지 참고 기다려야 했다. 지금도 그때를 생각하면 어떻게 참았는지 모를 일이다. 정말이지 아찔하다.

버스가 휴게소에 도착하자마자 나는 정신없이 화장실을 향해 뛰어갔다. 그런데 옆을 보니 나만 뛰는 것이 아니었다. 다른 사람들도 나처럼 화장실에 대한 욕구를 참았던 것이다. 마치 무슨 경주라도 하는 것처럼 우리는 그렇게 같은 목표를 향해 달려갔다. 그때 얻은 교훈이 하나 있다. 버스를 타고 장거리를 여행할 때 맥주는 삼가야 한다는 것이다. 어느 텔레비전 프로그램에서 사람들에게 가장 참기 힘든 욕구가 무엇인지 조사한 적이 있는데, 1위로 나온 것이 바로 화장실에 대한 욕구였다. 누구나 공감할 것이다.

인간에게는 욕구가 있기 마련이다. 욕구는 인간이 살아가는 데 필요한 원초적 에너지이기 때문에 이것이 충족되지 않으면 문제가 발생한다. 예컨대 인간의 기본적 욕구라고 할 수 있는 식욕이나 수면욕 등이 충족되지 않으면 인간은 생존할 수 없다. 어디 이뿐인가. 앞서 언급한 화장실에 대한 욕구나 성욕 등도 해결되지 않으면 문제가 발생한다. 날씨가 추워지면 따뜻한 곳을 그리워하는 것도 인간이라면 누구나 느낄 수 있는 기본적 욕구다.

이뿐만 아니라 평소에는 생각이 안 나는데 설날이 다가오면 떡국을 먹고 싶거나 추석 때면 송편을 먹고 싶은 욕구도 있다. 동짓날에는 팥죽을 먹고 싶고 정월 대보름에는 찰밥을 먹고 싶은 욕구 또한 느끼면서 살아간다. 이것은 같은 문화권에서 공유하는 것이기 때문에 문화적 욕구라 한다. 미국이나 유럽 문화권에서는 일어날 수 없는 우리만의 고유한 욕구라고 할 수 있다. 미국인은 추수 감사절이 다가오면 칠면조를 먹고 싶은 욕구가 일어날 것이다. 명절날 떡국이나 송편을 먹지 않으면 한국인은 쓸쓸하고 우울해지기 마련이다. 그래서 옛 선인들은 그런 음식을 먹을 수 없는 이웃을 찾아가 함께 나누어 먹었던 것이다. 문화적 욕구를 함께 충족하고자 하는 따뜻한 전통이라 할 것이다.

이처럼 욕구는 인간이라면 느낄 수밖에 없는 감정이다. 그런데 불교가 이런 욕구를 금기시한다고 생각하는 사람들이 있다. 즉 이런 욕구를 완전히 끊어야 깨달음에 이를 수 있다고 생각하는 것이다. 마치 무협 영화의 주인공처럼 인간적인 모든 감정을 초탈하고 무림의 고수가 되는 것처럼 말이다. 만일 그렇다면 깨달음을 얻은 사람은 인간적 감정이 일어나지 않는 목석 같은 존재일 것이다. 실제로 깨달은 사람을 그렇게 묘사한 작품들도 있다.

정말 불교에서 인간의 욕구는 금지의 대상일까? 아울러 인간의 욕구가 무한하다는 것을 당연시하는 오늘날 욕구는 우리 삶에 어떤 의미일까?

불교란 무엇인가 불교란 무엇이 아닌가

나쁜 욕구

결론부터 말하면, 불교는 결코 인간의 욕구를 부정하지 않는다. 인간은 욕구를 충족하지 못하면 살아갈 수 없기 때문이다. 배고프면 먹어야 하고, 졸리면 자야 한다. 그렇지 않으면 인간은 죽을 수밖에 없다. 문제는 욕구가 지나치면 나뿐만 아니라 나를 둘러싼 세계를 파괴할 수 있다는 것이다. 불교에서 부정하는 것은 바로 지나친 욕구, 즉 탐욕이다. 그래서 불교에서는 탐욕을 세 가지 독三毒 중 하나에 포함시켜 경계한다. 어쩌면 오늘의 우리는 탐욕이 충족되지 않아 성내고 어리석은 삶을 사는지도 모를 일이다.

희소성의 원칙이라는 것이 있다. 인간의 욕구는 무한한데, 이 욕구를 충족시켜 줄 자원은 유한하다는 것이다. 그러니 한정된 자원을 최대한 효율적으로 사용하자는 것이다. 모든 명제는 옳거나 그르거나 둘 중 하나여야 한다. 그렇지 않으면 명제로서의 생명은 끝난다. 그렇다면 이 명제는 과연 옳을까? 이 명제가 옳다는 것을 입증하려면 인간의 욕구가 무한하고 자원은 유한하다는 전제가 옳다는 것을 증명해야 한다. 정말로 인간의 욕구는 무한할까?

산행 도중 길을 잃고 다리에 부상을 당해 움직일 수 없는 상황에 처했다고 가정해 보자. 휴대전화 배터리도 떨어져 구조를 요청할 방법도 없다. 설상가상 먹을 것도 모두 바닥났다. 산속에서 그렇게 3일간을 지내다가 천만다행으로 구조대원을 만났다. 그 대원이 건네주는 빵을 보자마자 정신없이 먹기 시작했다. 처음 먹을 때는 그렇게 맛있더니 다섯 개째를 먹다 보니 배도 어느 정도 부르고 먹고 싶은 생각이 들지 않았다. 오히려 빵이 질리기 시작했다. 이것이 우리가 경제학 시간에 배운 한계효용체감의 법칙이다. 인간은 욕구가 어느 정도 충족되면 더 이상 채우기를 원하지 않는다. 아무리 목이 말라도 일정 양의 물을 마시면 만족을 느끼는 것이 인간이다. 즉 인간의 욕구는 무한한 것이 아니라 유한하다는 것이다. 그렇다면 인간의 욕구가 무한하다는 전제는 틀린 것이 된다.

인간의 욕구가 무한하다는 것은 탐욕과 성냄, 어리석음의 눈으로 보았을 때만 정당화될 수 있다. 옛 선인들은 물고기를 잡을 때 어린 것은 잡지 않았다. 어린 물고기를 잡으면 놓아주는 미덕이 있었다. 그것까지 잡으면 물고기가 모두 사라질 것이기 때문이다. 인간의 욕구를 충족할 정도만 자원을 사용하면 자원은 무한 재생이 가능하다는 것을 누구보다 잘 알았던 것이다. 그런데 탐욕과 어리석음으로 어린 물고기까지 모두 잡아 버리는 만행을 저지르면 자원은 고갈될 수밖에 없다. 인도의 성자로 불리는 마하트마 간디는 다음과 같은 명언을 남겼다.

"지구는 인간의 욕구를 충족시키기에는 충분하지만, 탐욕을 충족시키기에는 몇 개가 있어도 부족하다."

인간의 욕구는 무한하고 자원은 유한하다는 논리는 결국 인간의 탐욕과 어리석음을 기초로 만든 관념에 지나지 않는다. 특히 자본이 주인의 자리를 차지한 시대는 이러한 인간의 탐욕을 더욱 부채질한다. 더 많이 소유하고 더 많이 소비해야 이 시대의 진정한 주인이라고 자본은 우리를 유혹한다. 그러기 위해서는 더 많은 자연을 파괴해서 인간의 탐욕을 채워야 한다. 인간의 탐욕을 채우기에 이 지구는 너무나도 좁다. 새로운 우주를 개척해서 더 많은 자원을 확보해야 한다.

어디 그뿐인가. 아무리 많은 이윤을 남기더라도 거기에 만족하는 순간 모든 것은 끝이라고 자본은 우리에게 열변을 토한다. 아귀처럼 끊임없는 탐욕으로 약자를 짓밟아야만 이 시대를 살아 낼 수 있다고 한다. 배가 불러도 더 많이 소유하기 위해서는 어쩔 수 없다는 것이다. 도대체 무엇을 위한, 누구를 위한 탐욕이란 말인가? 이것을 우리는 나쁜 욕구 혹은 표층적 욕구라 부른다. 이런 욕구는 인간의 삶을 파괴하는 것이기 때문에 불교에서 경계하는 것이다. 인간의 정상적 욕구가 아니라 탐욕과 어리석음이 문제인 것이다.

좋은 욕구

이러한 희소성의 원칙 덕분에 인간이 물질적 풍요를 누리는 것은 사실이다. 많은 사람이 주장하는 것처럼 인류는 지금껏 유한한 자원으로 무한한 욕구를 충족시키기 위해 끊임없이 달려왔기 때문이다. 그러나 그것이 가져다준 폐해는 물질적 풍요를 훨씬 넘어서고 있다. 그것이 행복을 가져다주는 것이 아니라 오히려 불행을 낳고 있기 때문이다. 한정된 재화는 그것이 필요한 사람이 아니라 소수에게 집중됨으로써 심각한 양극화 문제를 낳았다. 이뿐만 아니라 물질적 풍요는 오히려 인간 소외라는 괴물을 낳고 말았다. 즉 인간이 주인 자리를 물질에 내주고 자신은 노예의 처지로 전락한 것이다. 행복이 아니라 더 많이 소유하는 것이 삶의 목적이 되어 버린 것이다. 어쩌면 우리는 목적과 수단이 전도된 세계에 살고 있는지 모를 일이다.

또 인간은 욕구를 충족하기 위해 얼마나 많은 환경을 파괴하고 있는가? 지구온난화 문제를 비롯하여 산림이 사막화되는 현상이나 오존층이 파괴되고 수많은 생명체가 사라지는 현상은 이미 도를 넘어 인류의 생존을 위협하고 있다. 화석 연료는 이미 바닥을 드러내고 있다. 인간의 욕구가 무한하다고 전제하는 한, 인간에게 만족이란 있을 수 없다. 더 많은 욕구를 충족하기 위해서는 더 많이 소유해야 하고 더 많이 경쟁해야 한다. 그래야 남보다 더 좋은 집과 차를 소유할 수 있다. 현재의 삶에 만족하는 순간 이미 경쟁에서 탈락한 패배자 신세로 전락하고 만다.

과연 이것이 인간의 정상적 욕구이며, 행복을 추구하는 삶이라고 할 수 있을까? 언제까지 이 괴물 같은 희소성의 원칙에 사로잡혀 끝도 없는 경쟁과 파괴로 우리의 삶을 내던져야 한다는 말인가. 더 늦기 전에 멈춰야 한다. 그렇지 않으면 모두 낭떠러지로 추락할 수 있기 때문이다. 가던 길을 멈추고 우리 인간의 욕구가 정말 무한한지에 대해 근원적으로 성찰해야 한다. 불교는 우리에게 묻는다. 무엇을 위해 그리고 어디를 향해 그렇게 정신없이 뛰어가느냐고 말이다.

불교는 결코 인간의 정상적 욕구를 부정하지 않는다. 그러나 비정상적이며 나와 세계를 파괴할 수 있는 탐욕, 즉 나쁜 욕구에 대해서는 경계를 늦추지 않는다. 대신 나와 세계가 더불어 살 수 있는 욕구를 강조한다. 그럴 때 비로소 참다운 행복을 누릴 수 있기 때문이다. 인간이 무한한 욕구가 아니라 정상적인 욕구를 회복하면 자연은 우리에게 지속 가능한 자원을 베풀어 준다. 나와 이웃, 세계가 더불어 살고자 하는 욕구가 우리에게는 필요하다. 그것을 우리는 좋은 욕구 혹은 심층적 욕구라 부른다.

추위에 떠는 사람을 보고 그냥 지나치는 것은 정상적인 욕구가 아니다. 내가 입고 있는 옷을 벗어 주고 싶은 욕구가 일어나는 것이 정상적이다. 이런 욕구의 화신을 불교에서는 지장보살地藏菩薩이라 한다.

글자 그대로 사람들에게 옷을 모두 벗어 주고 자신은 땅을 파고 들어가 추위를 피했다는 분이다. 이 보살이 그런 행위를 할 수 있었던 이유는 무엇일까? 바로 내 이웃이 나와 더불어 살아가는 존재이기 때문이다. 내 주위를 둘러싼 이웃과 세계는 결코 대립과 갈등, 경쟁의 대상이 아니라 내가 살아가는 존재의 이유이자 근거라는 것이 불교의 연기적 세계관이다. 지장보살은 이것을 상징적으로 보여 주는 존재다.

하버드 대학교에서 재미있는 실험을 한 적이 있다. 실험에 참여한 사람들을 두 그룹으로 나눠 한 그룹은 돈을 받고 일하도록 하고, 다른 그룹은 대가 없이 봉사를 하도록 하였다. 그런 다음 실험에 참가한 사람들의 건강 상태를 체크해 보니, 놀랍게도 봉사한 그룹의 면역력이 크게 증가했다. 이와 관련된 또 다른 실험이 있다. 봉사와 희생의 삶을 산 마더 테레사Mother Teresa, 1910~1997의 영상을 본 사람들의 면역력 변화를 살펴보는 것이었다. 그 영상을 본 사람들 역시 면역력이 크게 증가하는 결과가 나왔다. 그래서 '마더 테레사 효과'라는 신조어가 생기기도 했다. 즉 나눔을 실천하거나 그와 관련된 영상을 보는 것만으로도 면역력이 증가한다는 것이다. 이를 통해 확인할 수 있는 것은 나눔은 남을 위한 일인 동시에 나를 위한 일이기도 하다는 것이다. 이것이 나눔의 신비이며 인간의 정상적인 몸과 마음의 활동이다.

인간의 몸과 마음은 결코 무한한 욕구를 추구하지 않는다. 다만 그러한 탐욕을 부추겨 자신의 이익을 도모하는 일부 비정상적이고 어리석은 사람이 있을 뿐이다. 불교에서 경계하고 또 경계하는 것은 바로 인간을 불행의 늪에 빠트리며 세계를 파괴할 수 있는 탐욕과 어리석음이다. 비정상적인 나쁜 욕구를 제거하고 정상적인 좋은 욕구를 회복하기 위해 필요한 것이 바로 연기적 세계관이다. 나와 이웃, 나와 세계가 하나라는 인식의 전환이 있을 때 우리는 유한한 인간의 욕구를 회복할 수 있고, 무한한 자원을 지속적으로 사용할 수 있다. 자연에 감사하는 마음을 가지고 말이다.

반복하는 말이지만 불교는 결코 인간의 욕구를 부정하지 않는다. 오히려 자신의 진정한 욕구가 무엇인지 성찰하라고 강조한다. 자신을 불행으로 이끄는 정체불명의 욕구를 추구하느라 일 중독에 빠진 채 자신의 소중한 가족과 이웃, 세계를 돌아보지 못하는 우리를 향해 불교는 외치고 있다. 무엇을 위해, 어디를 향해 그렇게 달리고 있느냐고 말이다. 나무 그늘에 앉아 새소리를 들으면서 내 안의 욕구를 한번 들여다보자. 시원한 바람이 불어와 탐욕이 저 멀리 모두 날아가고 내 안의 깊은 욕구와 만날 수 있을 것이다.

11

솔직하고 당당한
삶

노예 **vs** **주인**

자유로부터의 도피

지옥 같은 고3 시절을 마치고 대학에 들어온 새내기들에게 나타나는
공통적 특징이 하나 있다. 그것은 바로 갑자기 주어진 자유를 어떻게
써야 할지 몰라 허둥댄다는 것이다. 고등학교 시절에는 마음에 들지
않아도 학교에서 시키는 대로 하면 됐는데, 대학에서는 모든 것을 스
스로 알아서 해야 하기 때문이다. 강의를 빼먹어도 뭐라 하는 사람이
없고, 아침 일찍 등교해야 하는 의무도 없다. 강의 시간도 고등학교

처럼 빡빡하지 않아 시간이 너무 많이 남는다. 자유가 좋기는 하지만 어찌 해야 할지 몰라 이리저리 헤매는 자신을 보면서, 차라리 고등학교 때처럼 학교에서 자신의 일정을 정해 줬으면 하는 생각이 들기도 한다.

이것은 고등학교와 대학교의 생활 방식이 너무 다르기 때문에 나타나는 현상이다. 통제된 세계에서 살다가 갑자기 자유가 넘치는 세계에 살면 모든 것이 낯설고 어색할 수밖에 없다. 그럴 때 문득 누군가 내 삶을 컨트롤해 주기를 바라는 마음이 싹튼다. 그러면 주어진 자유를 어떻게 써야 할지 고민하지 않아도 되니까 말이다. 시키는 대로만 하면 모든 것이 편했던 과거가 오히려 그리워진다. 주어진 자유로부터 도망치고 싶은 생각이 조금씩 고개를 내미는 것이다.

에리히 프롬Erich Fromm, 1900~1980은 그러한 인간의 심리를 『자유로부터의 도피』라는 책을 통해 그리고 있다. 지긋지긋한 노예제에서 해방돼 자유를 누리게 된 인간이 그것을 어떻게 써야 할지 몰라 국가라는 통제 기구에 자신의 자유와 권리를 맡긴다는 것이다. 제목처럼 자유로부터 도피해 국가가 시키는 대로 하면서 사는 것이 오히려 편하기 때문이다. 프롬은 주어진 자유를 주체적으로 쓰지 못하고 자발적 노예로 사는 것을 편하게 생각하는 인간의 심리를 이 책에서 예리하게 분석한다. 주인과 노예의 시스템이 다시 부활한 것이다.

사람들에게 '국민 사위'로 불리며 많은 사랑을 받았던 어느 의사의 인터뷰 기사가 화제를 불러일으켰다. 그는 철학자 플라톤까지 거론하며 독재를 옹호하고 더 잘살 수 있으면 왕정도 상관없다는 말을 했다고 한다. 이 기사를 읽으면서 문득 프롬의 이 책이 떠올랐다. 잘살 수만 있다면 개인의 자유나 권리를 누군가에게 맡겨도 좋다는 심리가 느껴졌기 때문이다. 많은 비판에도 불구하고 이런 생각에 동의하는 사람이 의외로 적지 않은 것 같다. 그만큼 우리는 배고프고 서러운 역사를 살아왔던 것이다. 배고픔에서 벗어나 지금처럼 물질적 풍요를 누리게 됐는데, 나의 자유나 권리를 누군가 제약하는 것이 뭐 그리 대수냐는 것이다.

이 현상을 보면서 '배부른 돼지보다 배고픈 소크라테스가 낫다.' 는 말도 생각났다. 어느 쪽을 선택하느냐는 개인의 자유이니 뭐라 말할 수는 없지만, 왠지 서글프다는 생각이 떠나질 않는다. 과연 인간이 행복하다는 것은 무슨 의미일까? 자유와 권리를 제약받으며 살아도 배부르고 마음 편하면 그게 행복이지 별다른 것이 있느냐고 말하는 사람도 있다. 누군가는 배고프더라도 나와 세계에 대해 진지하게 사유하고, 자유와 권리를 누리면서 내 삶의 주인으로 사는 것이 진정한 행복이라고 외친다. 우리는 어떤 삶을 선택해야 할까? 그에 대한 불교적 통찰을 엿보기로 하자.

노예의 삶

인간은 자신의 생각을 드러내기 위해 여러 가지 비유analogy나 상징 symbol을 사용한다. 그런데 같은 대상이라도 비유되는 상황에 따라 그 이미지가 매우 다르게 느껴진다. 낙타도 그런 경우에 해당된다. 서양 격언 중에 빨리 가려면 말을 타고 멀리 가려면 낙타를 타라는 말이 있다. 속도와 경쟁에 매몰된 현대인의 눈에 느림의 가치가 들어오면서 요즘에는 말보다는 낙타가 대접을 받는 것 같다. 그동안 문명사회가 정신없이 달려오느라 지치긴 많이 지쳤나 보다.

그런데 낙타에 부정적 이미지를 심어 준 사람이 있다. 니체가 바로 그 주인공이다. 스무 살에 읽은 『차라투스트라는 이렇게 말했다』라는 책은 내게 깊은 울림을 주었다. 왜 그랬는지는 모르지만, 이 책은 젊은 시절 내 얼굴을 무척이나 화끈거리게 했다. 실존이라는 문제로 고민하던 젊은 청춘에게 그것은 어쩌면 당연한 일인지도 모른다. 이 책에서는 인간의 정신을 세 단계로 나누는데, 낙타가 제일 낮은 단계에 해당한다. 사람이 낙타 등에 짐을 실으면 아무런 저항 없이 길을 가는 것에 빗댄 것이다. 즉 기존의 가치 체계를 그저 맹목적으로 수용하는 정신이라 할 것이다. 억압적인 가치 체계를 부정하는 사자의 정신이 그다음이다. 사자는 낙타처럼 '너는 마땅히 해야 한다You should.'가 아니라 '나는 하고자 한다I will.'는 자유정신을 상징한다. 최고의 정신은 놀랍게도 순수하면서도 솔직한 아이의 정신이다. 니체는 아무것도 모르는 것처럼 보이지만 솔직하고 당당한 아이의 모습I am에서 '신'으로 상징되는 낡은 질서를 대체할 새로운 힘을 보았던 것은 아닐까?

낙타에게는 조금 미안한 얘기지만, 이 동물은 인간이 시키는 대로 하면 먹을 것과 마실 것을 얻을 수 있으며 적당한 휴식도 누릴 수 있다. 주인의 말만 잘 들으면 사랑도 받을 수 있다. 마치 집에서 기르는 애완견처럼 말이다. 그러나 자유를 찾겠다고 조금이라도 저항하면 주인에게 가혹한 형벌을 받는다. 사자처럼 힘도 세지 않아서 어찌 해 볼 도리가 없다. 그저 주인이 자신의 등에 짐을 실으면 묵묵히 길을 걸어가야 한다. 이것이 노예로서의 낙타의 삶이다.

인류의 역사도 크게 보면 이와 별반 다르지 않다. 절대 왕정과 이를 옹호하는 집단에 의해 형성된 주인과 노예라는 신분 질서가 해체된 것도 그리 오래되지 않았다. 이 계급 제도가 사라지자 주인 자리를 차지한 것은 전체주의 또는 독재 권력이었다. 그 체제에서 수많은 사람이 자유와 권리를 억압당한 채 살아왔다. 마치 말을 잘 듣는 낙타처럼 말이다. 자유와 인권의 가치가 그 어느 때보다 중시되는 요즘에도 이를 통제하기 위한 움직임은 사라지지 않고 있다.

오늘날에는 그 주인 자리를 물질이나 돈이 차지하고 있다. 그것들은 인간이 편리를 위해 만들어 낸 수단일 뿐인데, 어찌 된 일인지 그것이 목적이 되고 주인 행세를 하는 것이다. 돈을 위해 사람을 속이고 심지어는 어린아이를 납치하거나 죽이기까지 한다. 이런 현상을 흔히 인간 소외라고 말한다. 우리는 철저하게 그것들로부터 소외돼 노예 역할을 하고 있다. 어쩌면 우리는 지금 수단과 목적이 전도된 사회에서 사는지도 모를 일이다. 주인만 바뀌었지 여전히 낙타 신세를 면하지 못하는 것이다.

어디 이뿐인가. 주인에게 더 사랑받기 위해 주인이 시키면 그 어떤 일도 서슴지 않고 행동으로 옮긴다. 휴일인데도 아이와 놀아 줄 수 없고, 돌아가신 부모님 기일인데도 돈을 버느라 바빠서 갈 수 없다. 주인의 눈치를 보면서 밤늦게까지 일한다. 그렇게 하지 않으면 주인인 돈이 화를 내고 떠나 버릴 것만 같다. 그러다 문득 '내가 지금 뭐 하고 있는 거지?' 스스로에게 묻기도 하지만, 소주 한잔 들이켜면서 다시 마음을 다잡는다. 이렇게 열심히 일하는 것은 모두 가족을 위해서이며, 그들만은 이것을 알아줄 거라 위로하면서 말이다.

안타깝지만 이것이 오늘을 사는 우리의 모습이 아닐까? 내 삶에서는 내가 주인공인 줄 알았는데, 정작 낙타 신세를 면치 못하는 것이다. 권력과 자본, 물질이 시키는 대로 우리의 삶이 그렇게 흘러가고 있다. 그것들의 눈치를 보느라 솔직하고 당당하지 못한 자신이 가끔은 비참하게 느껴진다. 어쩌다 이렇게 된 것일까?

주인의 삶

이문열의 소설 『우리들의 일그러진 영웅』은 주인이 시키는 대로 하면 편안하게 살 수 있다는 인간의 내면을 잘 보여 준다. 힘이 센 사람이 나에게 부당한 요구를 하면 처음에는 저항한다. 그러나 저항하는 것이 힘들어 고개를 숙이는 순간, 그는 나에게 호감을 갖고 잘 대해 준다. 그러면 내 마음도 편해지고 모든 것이 순탄하게 흘러가는 것처럼 느껴진다. 대신 나의 자유는 잠시 유보하고 그가 시키는 일은 무조건 해야 한다. 왜 그런 일을 해야 하느냐고 묻는 것은 허락되지 않는다.

그러다 문득 이렇게 사는 자신의 모습과 마주하면 몹시 불편하다. 겉으로는 어느 정도 명예와 물질적 풍요를 누리지만 안으로는 불안과 두려움, 치욕 등의 감정이 생기기 때문이다. 그렇다고 저항할 의지나 힘도 없다. 그래서 자신의 내면과 만나는 것이 꺼려진다. 자유를 포기한 대가를 보상받기 위해서는 외적으로 더 풍요로워져야 한다. 더 좋은 차와 집이 필요하고 더 많이 소비해야 한다. 남에게 속내를 들키지 않으려면 말이다. 이를 위해서는 더욱 더 철저한 복종이 요구된다.

이것이 오늘날 낙타처럼 사는 우리의 불편한 진실이 아닐까? 그 속에서 행복을 느낀다면 할 말이 없지만, 그것이 인간다운 삶이라고 할 수는 없을 것이다. 불교에서는 그렇게 사는 자신의 모습을 있는 그대로 보라고 한다. 불편하고 두렵지만 그것과 정면으로 마주 보아야 한다. 그렇지 않으면 낙타의 삶에서 벗어날 수 없기 때문이다. 어렵고 힘들더라도 노예의 삶을 청산하고 스스로가 주인인 삶을 살아야 한다. 그것이 참다운 행복의 길일 테니 말이다.

중국 당나라 때 임제 의현臨濟義玄, ?~867이란 선사가 있었다. 그는 자신이 어디에 서 있든지 주인공의 삶을 살아야 한다고 강조했다. 그것이 자유인으로서 참다운 삶이라는 것이다. 유명한 '수처작주隨處作主 입처개진立處皆眞'이라는 말은 바로 이것을 의미한다. 그런데 주인공으로 살기가 그리 녹녹치 않다. 우리 모두가 사자처럼 힘이 세지도 않고 그렇다고 아이처럼 솔직하거나 당당하지도 않기 때문이다. 그래서 주인공으로 살아가겠다는 굳건한 다짐과 용기가 필요하다. 임제 선사는 이를 위해서는 과격해야 한다고 말한다. 붓다를 만나면 붓다를 죽이고 조사를 만나면 조사를 죽여야 한다는 것이다. 이를 '살불살조殺佛殺祖'라 한다.

물론 실제로 그렇게 하라는 뜻은 아니다. 이것은 주인으로 사는 것을 방해하는 요인이 있다면, 그것이 무엇이든 용기를 갖고 물리쳐야 한다는 것을 의미한다. 그는 스승에게 몽둥이로 육십 대를 맞으면서 주인공의 삶이 얼마나 중요한지 깨칠 수 있었다. 그 소중함을 누구보다 잘 알기에 그 어떤 상황에서도 자신이 주인임을 잊지 말라고 강조한 것이다. 그럴 때 진정한 자유인의 삶을 살 수 있을 테니 말이다.

우리 주위에는 주인으로서 당당히 살지 못하도록 하는 요인이 너무도 많다. 독재를 찬양하는 이데올로기는 물론 돈이나 물질, 권력 등이 모두 이에 포함된다. 이로부터 벗어나지 못하면 우리는 낙타 같은 신세를 면할 길이 없다. 평생 그것들의 눈치를 살피면서 살아야 한다. 그러한 삶에서 솔직함과 당당함이 나올 수 있겠는가? 우리를 낙타로 만들려는 어떤 것들과도 맞서 싸울 수 있는 용기가 필요하다.

우리 안에는 그러한 삶을 살 수 있는 원동력이 모두 갖추어져 있다. 그것을 불성佛性이라고 한다. 우리 모두 붓다가 될 수 있는 성품을 지니고 있다는 것이다. 불성이란 다름 아닌 주인공으로서 솔직하고 당당하게 살 수 있는 우리의 본래 바탕이다. 우리는 그것을 실현시키지 못했기 때문에 주인이 아닌 노예로 사는 것이다. 임제 선사가 강조한 주인의 삶은 다름 아닌 내 안의 불성을 실현시키는 일이다. 그러기 위해서는 안에서 잠자는 주인공, 즉 불성을 일깨우는 용기가 필요하다. 두려워하지 말고 당당하게 말이다.

니체가 강조한 어린아이는 솔직하면서도 당당한 주인을 상징한다. 어른은 사자를 보면 겁을 먹고 도망치지만, 어린아이는 결코 물러서지 않는다. 오히려 환한 웃음을 보이면서 당당하게 서 있다. 낙타에게서는 발견할 수 없는 정신이다. 우리도 사자보다 더욱더 강하고 당당한 아이의 정신을 회복해야 하지 않을까? 용기를 갖고서 말이다.

한번은 송년 모임에 친구의 초등학생 아들 녀석도 자리를 함께하게 되었다. 모두들 오랜만에 만나는 자리여서 즐겁게 술잔을 나누다가 그 아이에게 이런 구호를 외치면 어떻겠느냐고 제안하였다. 그 아이는 고개를 끄덕이면서 콜라 잔을 들고 큰소리로 "솔직하고!"를 외쳤다. 우리는 모두 술잔을 마주치면서 "당당하게!"를 외쳤다. 그런 마음으로 살자는 의미에서 그랬다. 그리고 몇 달이 지난 후에 그 친구 가족과 저녁을 먹는데, 그 아이가 오늘은 왜 건배 구호를 안 하느냐고 물었다. 그러면서 "삼촌들, 솔직하고 당당하게!"를 외치는 것이었다. 아마도 마음속에 그 말이 남아 있었던 모양이다. 그 모습이 너무도 귀엽고 멋지게 보였다.

주인공으로 솔직하고 당당하게 사는 것이 그리 만만한 일은 아닐 것이다. 그렇게 사는 대가로 배고픔과 불편함을 감수해야 할지도 모른다. 그러나 내 삶의 주인으로, 자유인으로 사는 것이 진정한 행복이 아닐까? 나의 자유와 권리를 주인에게 맡기면서 살면 배가 부를지는 모르지만, 자신에게 떳떳하지는 않을 것이다. 불교는 그 어떤 종교보다도 주인으로서의 삶을 강조한다. 오죽하면 신앙의 대상인 붓다마저도 죽일 수 있어야 한다고 했겠는가. 내 안에서 잠자는 주인공을 깨우는 일, 그것이 당당한 삶의 첫걸음이 될 것이다.

12

안다는 것과
산다는 것

지 식 **VS** 지 혜

앎과 삶은 다른 것인가?

불편한 얘기를 하나 해야겠다. 오래 전 일인데도 기억이 너무 생생하다. 대학에서는 방학을 이용해 중·고등학교 교사를 대상으로 교육 프로그램을 진행한다. 그리고 교육이 끝나면 평가를 위해 비교적 엄격하게 시험을 치르기도 한다. 그때 나는 어쩌다가 시험 감독을 맡게 되었다. 그런데 이게 웬일인가! 많은 사람이 커닝을 하고 있던 것이다. 정당하게 답안을 작성하는 분들에게 피해가 갈 듯싶어 그러면 안 된다고 주의를 줬다. 그런데도 몰래 책을 훔쳐보는 사람들이 있었다. 그들도 학교에서 커닝하는 학생들에게 그것은 나쁜 행동이니 해서는 안 된다고 가르칠 텐데 말이다.

윤리를 가르치는 교사가 비윤리적인 행동을 하면 사람들 대개는 '학생들에게 바르게 살라고 가르치는 사람이 어떻게 저런 행동을 할 수 있어?'라고 말한다. 이런 정서와는 다른 반응도 있다. 윤리적으로 옳고 그름을 분석하고 가르치는 일은 지식의 문제이지 실천의 문제가 아니라는 것이다. 즉 윤리를 가르치는 일과 윤리적으로 사는 일은 범주가 다르다는 것이다. 따라서 윤리적으로 옳다고 주장한다 해서 꼭 윤리적으로 살아야 하는 것은 아니라는 결론이 도출된다. 이런 입장에서 볼 때, '어떻게 윤리 교사가 비윤리적인 행동을 할 수 있어?'라고 말하는 것은 일종의 범주의 오류category mistake에 속한다.

엄밀함을 추구하는 서구의 전통에서 앎의 문제와 삶의 문제는 분명 다른 범주에 속한다. 그러나 동양의 전통에서 이런 이원적 구조는 쉽게 용납되지 않는다. 앎이 삶에서 실천되지 않으면 아무런 의미가 없다고 생각하기 때문이다. 사람이 열심히 배우는 이유도 그것을 생활에서 실천하기 위해서라는 것이다. 그래서 지행합일知行合一의 전통은 오늘날에도 여전히 생명력을 유지하고 있다.

흔히 지식은 앎의 차원이며 지혜는 삶의 차원에 속한다고 말한다. 이때 지식은 우리의 실제적인 삶과 관련된 문제들이 중심을 이룬다.

예를 들면 다른 사람을 속이면 안 된다거나 남의 것을 탐내는 것은 옳지 않다는 것 등이 이에 속한다. 그래서 지혜와 비교되는 지식은 과학적 지식보다는 주로 윤리적 차원에 집중된다. 우리의 삶과 직접적으로 관련된 윤리적 앎은 주로 '~을 해서는 안 된다.'거나 '~을 하는 것이 옳은 행동이다.'라는 구조로 돼 있다. 이런 당위성이 머릿속에 입력되면 그것이 곧 지식이 되며, 실천으로 이어지면 지혜라고 부른다. 동양의 전통에서는 머리로 많이 아는 지식인보다 그것을 생활에서 실천하는 지혜인을 높이 평가한다.

여기서 우리가 확인할 수 있는 것은 안다고 해서 꼭 그렇게 살게 되는 것은 아니라는 사실이다. 즉 앎과 삶 사이에는 엄청난 간극이 있다는 것이다. 마치 운동이 건강에 좋다는 것을 알지만, 실제로 행하기는 어려운 것과 같다. 그 간극이 좁을수록 행복할 것이고, 그 간극이 넓을수록 불행할 것이다. 불교식 표현을 빌린다면, 붓다와 중생의 차이라 할 것이다. 붓다는 아는 대로 살아가는 사람인 반면 앎과 삶과의 간극이 멀수록 중생에 가깝다.

그렇다면 왜 이런 간극이 생기는 것일까? 말하자면 왜 우리는 아는 것은 많은데 그렇게 살아가지 않느냐는 것이다. 우리의 교육 수준은 미국 오바마 대통령도 부러워할 만큼 높고 윤리적 규범도 과거보다 훨씬 체계화되었는데, 삶의 행복 지수는 최하위를 맴돌고 있다. 왜 그럴까? 정말 아는 것과 사는 것은 다른 범주의 문제인 것일까? 그리고 앎과 삶의 간극을 줄이는 방법은 없는 것일까?

앎 따로 삶 따로

부끄러운 고백을 하나 해야겠다. 불교를 공부하면서 분별하는 마음
을 내지 말아야지 하는 생각을 많이 하게 되었다. 분별심은 색안경을
끼고 세상을 바라보는 것이기 때문에 사람이나 세계를 있는 그대로
볼 수 없다고 불교에서는 강조한다. 일종의 편견이나 선입견을 경계
하는 의미일 것이다. 그런데 그런 내 생각이 여지없이 깨지는 일이 생
겼다. 역시 사람은 경계를 만나 봐야 그 마음의 그릇을 제대로 가늠할
수 있는 것 같다.

  지난해 여름 송광사 승가대학 수업을 마치고 돌아오는 길이었다.
어느 마을을 지나는데 몸이 불편해 보이는 젊은 청년이 내 차를 향해
손을 흔들었다. 평소에는 길 가던 사람이 손을 흔들면 잘 태워 주는 편
인데, 그날따라 나도 모르게 그냥 지나치고 말았다. 그 청년이 차가
가는 방향의 반대편에 서 있었고 또 브레이크를 밟을 타이밍을 놓쳤
다고 스스로 위로해보았지만 내 몸은 거짓말을 하지 못했다. 얼굴이
빨갛게 달아올랐던 것이다. 순간 속내를 들켰음을 직감할 수 있었다.

그래서인지 집으로 돌아오는 내내 마음이 무거워서 섬진강의 아름다운 풍경도 눈에 들어오지 않았다. 들켜버린 분별심이 창피하고 부끄러웠기 때문이다. 집으로 돌아와 108배를 하면서, 한심스러운 내 자신을 돌아보지 않을 수 없었다.

다음 주 수업 시간에 그 얘기를 했더니, 한 스님이 그 청년은 가끔 길가에 나와 지나가는 차를 향해 손을 흔든다는 것이었다. 차를 태워달라는 표시가 아니라 반갑다는 몸짓이었던 것이다. 순간 안도의 한숨이 나오긴 했지만, 내 마음을 들킨 것은 분명한 사실이었다. 우연인지 몰라도 그날 돌아오는 길에 손을 흔들고 있는 청년을 다시 만날 수 있었다. 나는 자동차 창문을 내리고 활짝 웃으면서 반갑다는 표시로 손을 크게 흔들었다. 마음속에 짊어졌던 무거운 짐을 내려놓는 느낌이었다.

이 일을 계기로 분별하는 마음을 갖지 말아야겠다는 다짐을 새롭게 하게 되었다. 그리고 앎과 삶이 따로였던 내 자신을 발견하고 그 간극이 얼마나 큰지 실감할 수 있었다. 살다 보면 그런 간극을 우리는 자주 만나게 된다. 알면서도 행하지 않는 일이 너무도 많은 것이다. 부모님께 안부 전화를 자주 드려야지 하면서도 바쁘다는 핑계로 잊는 것이 일상이 되어 버렸다. 상대방의 아픈 상처는 건드리지 말아야지 하면서도 입으로 불쑥 내뱉는 자신을 발견하기도 한다. 아이들에게 공부보다는 자신의 행복을 찾는 것이 중요하다고 말하면서 어느 순간 공부 안 한다고 잔소리하는 어머니로 변해 있었다.

그런 일을 우리는 너무 많이 겪으면서 산다. 사례를 열거하라면 책 한 권도 모자랄 것이다. 왜 우리는 이런 간극 속에서 살아야 할까? 그것이 인간의 타고난 운명이라고 치부하기에는 사태가 그리 만만치 않다. 그 간극이 우리의 삶을 건조하게 만들고 또 힘들게 하기 때문이다. 마음과 삶이 따로 노는 현장에 우리는 살고 있는 것이다. 기독교를 서구 사회에 널리 알린 사도 바울은 「로마서」에서 이런 고백을 했다.

"내가 마음으로 원하는 선善을 행하지 않으며, 내가 마음으로 원하지 않는 악惡을 행하도다."

너무도 솔직하고 인간적인 고백이다. 마음으로는 선을 행하고 싶은데, 몸으로는 정반대로 행동하는 자신이 느껴질 때, 그 괴로움은 무척이나 클 것이다. 마치 자녀와 갈등을 해소하고 싶어서 대화를 해보지만, 그때마다 마음에서 원하지 않는 말만 툭툭 튀어나오는 경우와 같을 것이다. 속마음을 나누는 벗과 소주잔을 기울이며 '내가 그러려고 한 것은 아닌데' 하며 하소연을 해봐도 한번 뱉은 말을 주워 담을 수는 없는 일이다. 언제까지 우리는 생각과 현실이 일치하지 않는 삶 속에서 허우적대야 하는 것일까?

앎에서 삶으로

잘 아는데도 삶으로 연결되지 않는 이유는 무엇일까? 그것은 앎이 피상적 차원에 머물기 때문이다. 즉 그러한 앎이 책을 읽는 차원에서 머물 뿐 실제 나의 문제로 인식되지 않기 때문에 실천으로 이어지지 않는 것이다. 앎이 의식 차원이 아니라 무의식까지 스며들어야 자연스럽게 삶으로 연결될 수 있는데, 그러기가 어디 쉬운 일인가? 사도 바울이 원하지 않는 악을 행한 것도 자신이 원하는 선이 의식 차원에 머무를 뿐 무의식까지 스며들지 않았기 때문이다. 그래서 실제 삶에서는 마음과 다르게 표출될 수밖에 없었던 것이다.

지식과 실천의 문제를 거론할 때마다 단골 메뉴처럼 등장하는 일화가 있다. 당나라의 유명한 시인이자 정치가인 백낙천白樂天, 772~846과 조과 도림鳥窠道林, 741~824 선사의 일화가 그것이다. 학문과 식견이 뛰어난 백낙천은 벼슬이 높아져 항주杭州의 자사로 오게 되었다. 마침 그 지역에는 당대의 고승으로 알려진 조과 선사가 살고 있었다. 백낙천은 당시 자만심으로 가득 차 있었기 때문에 선사가 얼마나 많이 아는지 시험하고 싶었다. 그래서 선사를 찾아가 평생 가슴에 담고 살 수 있는 좋은 법문을 들려 달라고 청했다. 그런데 선사의 입에서 나온 대답은 너무도 단순했다. 나쁜 짓 하지 말고 착하게 살라는 것이었다. 이에 실망한 백낙천은 선사를 향해 이렇게 말하였다.

"그거야 삼척동자라도 다 아는 거 아닙니까?"

그러자 선사는 침착하면서도 단호한 어조로 말했다.

"이보게, 그것은 삼척동자도 다 알지만 팔십 노인도 행하기는 어려운 것이라네."

이 말을 들은 순간 백낙천은 크게 한 대 얻어맞은 기분이었다. 지금까지 쌓아 온 지식이 한순간에 무너지는 것 같았다. 그는 아는 것은 실천하지 않으면서 오히려 더욱 교만해진 자신을 발견한 것이다. 그는 자신의 학식이 책에서 배운 차원에 머물러 있으며, 앎은 삶으로 연결될 때 비로소 의미가 있다는 사실을 깨닫게 되었다.

그렇다면 아는 것을 잘 실천할 수 있으려면 무엇이 필요할까? 아는 것을 바로 실천하는 사람에게는 필요 없겠지만, 그렇지 못한 사람들을 위해 불교의 지혜를 잠깐 빌리도록 하자. 불교에서는 공부를 할 때 듣고聞 생각하고思 실천하는修 것, 이 세 가지 지혜三慧를 매우 중요하게 여긴다. 즉 듣고 배운 것을 사색을 통해 자신의 문제로 인식한 다음 삶에서 실천해야 한다는 것이다. 그래야 공부가 지식 차원에서 머물지 않고 지혜의 차원까지 깊어져 삶으로 나올 수 있다고 강조한 것이다. 여기서 우리가 주목하는 것은 두 번째 지혜인 사색이다.

사색은 앎과 삶의 간극을 줄이고 지식을 지혜의 차원으로 승화시키는 역할을 한다. 즉 사색은 앎과 삶, 지식과 지혜를 연결하는 다리 역할을 하는 것이다. 아는 대로 살아가지 못하는 이유도 바로 사색이 결여되어 있기 때문이다. 사색하지 않으면 지식은 머리에 머물러 있고, 몸은 머리와 멀리 떨어진 채 삶에서 헤매게 된다. 머리로 안 것을 사색을 통해 나의 문제로 인식해야 한다. 내가 익힌 지식이 나의 삶에서 왜 중요한지, 어떤 의미인지 스스로 납득해야 하는 것이다.

앎과 삶 사이에는 간극이 있기 때문에 안다고 해서 곧바로 실천으로 연결하기는 힘들다. 물론 그런 사람도 있지만, 대개는 그렇지 못하다. 그래서 이 둘을 이어 주는 사색의 과정이 필요한 것이다. 사색을 거치지 않으면 아는 것을 삶에서 실천하기도 어렵지만 혹여 아는 것을 곧바로 실천한다고 해도 위험이 따르기 마련이다. 내 안에서 숙성의 과정을 거치지 않고 나왔기 때문이다. 마치 머릿속으로 운전하는 법을 모두 알아도 곧바로 주행에 나서면 위험한 것처럼 말이다. 이것은 또 충분히 숙성되지 않은 와인을 마시는 것과 같다. 숙성의 과정이 충분해야 와인의 맛, 삶의 맛이 깊어지고 그 진정성을 느낄 수 있는 것이다.

사색은 현실을 사는 나와 무의식에 숨은 내가 만나는 시간이다. 불교에서 하는 108배나 명상, 독송, 기도 등이 바로 사색을 위한 시간이라 할 수 있다. 산책이나 등산, 여행 등도 빼놓을 수 없는 사색의 시간이다. 이를 통해 머릿속에만 있던 지식이 무의식에서 잘 숙성되어

지혜의 차원으로 질적인 전환을 이루는 것이다. 그리고 그렇게 잘 익어서 나온 지혜는 삶에서 아름다운 꽃으로 피어날 것이다. 사색, 그것은 앎과 삶이 만나는 거룩한 시간이다.

사도 바울이 앎을 삶으로 연결하지 않은 것이나 내가 몸이 불편한 청년의 손짓을 무심코 지나친 것은 바로 사색이 부족했기 때문이다. 그러니 머리와 가슴, 몸이 따로 놀 수밖에 없었던 것이다. 왜 아는 대로, 그렇게 살아가지 못하느냐고 불평하거나 자책하지 말자. 그것이 우리의 실존이니 말이다. 그것을 있는 그대로 받아들이고 어떻게 하면 앎과 삶을 일치시킬 수 있을지를 고민하자. 나와 만나는 사색의 시간을 갖는 것, 여기에 앎과 삶을 이어 주는 비밀이 있다. 사색은 우리의 앎을 삶으로 전환할 수 있는 위대한 힘이 있다. 그 힘을 간과하지 말자. 그래서 나는 카카오톡 상태 메시지 창에 이런 말을 써 놓고 가끔 들여다본다.

"앎과 삶, 그 간극을 줄이기 위해 오늘도 난 산책을 한다."

지식은 폼 잡는 것이고 지혜는 폼 나는 것이라는 생각이 든다. 폼 잡기는 쉬워도 폼 나기는 좀처럼 쉽지 않다. 왜 그럴까? 폼 잡은 대로 살아지지 않기 때문이다. 사색과 실천이 필요한 이유도 바로 여기에 있다.

13

깨달은 사람도
바람에 흔들린다

돌부처 vs 갈대

돌부처 이미지

우리나라에는 유독 코 부분이 떨어져 나간 석불이 많다. 목이 잘려 나간 석불도 이에 못지않게 많은 것이 사실이다. 석불의 목을 훼손하는 것은 종교에 대해 일부 의식이 비뚤어진 사람들의 무지에서 비롯된 것이다. 하지만 석불의 코가 훼손된 것은 그 배경이 조금 다르다. 이것은 돌부처의 코를 떼어 가루로 만든 다음 물에 타서 마시면 아들을 얻는 다는 믿음에서 비롯되었다.

이런 말도 안 되는 믿음을 퍼뜨린 사람들은 다름 아닌 조선 시대 최고 권력층을 대표하는 유학자들이었다. 고려에서 조선으로의 사회 변화는 단순히 권력의 이동만을 의미하지 않는다. 불교에서 성리학으로의 이념 변화가 그 중심에 있고, 이에 따라 여러 생활상도 변했다. 장례 문화가 화장에서 매장으로 바뀌었고, 제사 때 쓰던 차는 술로 대체되었다. 조선 유학자들은 당시 사람들의 불교에 대한 신앙을 억압하지 않으면서도 불교의 상징물을 효과적으로 없애는 방법을 고안했다. 석불의 코를 베어 먹으면 아들을 낳는다는 믿음을 퍼뜨린 것도 그중 하나였다. 이 방법은 주효했다. 실제로 석불의 코 부분을 가루로 만들어 먹고 아들을 낳은 사례가 하나라도 발생하면 그러한 믿음은 아주 견고해진다. 누가 시키지 않아도 스스로 실천으로 옮기기 때문이다. 그래서 코가 베어진 석불을 볼 때마다 불편할 때가 많다.

돌부처에 대한 이미지를 사람들에게 각인시킨 것은 누가 뭐라 해도 바둑 천재 이창호라 할 것이다. 이창호는 어렸을 때부터 긴박한 상황에서도 흔들림 없이 대국을 펼쳤다. 그런 이창호에게 사람들은 '돌부처'라는 별명을 붙여 주었다. 그와 바둑을 둔 기사들 중에는 자신이 유리한 상황에서도 패배의 쓴 맛을 본 이가 많다. 이창호의 흔들림 없는 모습에 그만 자신이 불리한 줄 알고 무리수를 두다가 패배한 것이다. 세계 최고의 고수들이 스스로 흔들려 어린 기사에게 패배하는 모습을 보면서 이창호가 정말 대단하구나 하는 생각을 많이 했다. 그는 별명과 어울리는 돌부처였던 것이다.

돌부처는 말 그대로 돌로 만들어진 부처다. 돌은 그 어떤 감정도 느끼지 못한다. 슬픔과 고통, 연민 등의 감정에 흔들리지 않고 부동심을 유지하는 사람을 흔히 돌부처에 비유한다. 깨달은 사람은 이런 돌부처와 같다고 한다. 이런 생각은 불교에 대한 이미지를 조금은 딱딱하게 만들기에 충분했다. 깨달은 사람을 이처럼 돌부처 혹은 목석에 비유하면서 불교의 깨달음이 인간적인 모든 감정을 초월한 상태라는 오해를 낳기도 했다. 이뿐만 아니라 이처럼 모든 것을 초탈한 상태를 깨달음으로 묘사하는 소설이나 영화가 등장하면서 이런 이미지가 사람들에게 깊이 각인되었다.

특히 이런 작품에는 수행 중인 자신을 찾아온 속가의 가족을 매몰차게 내치는 승려의 모습이 많이 등장한다. 이를 접한 대중은 당연히 깨달음을 얻기 위해서는 가족에 대한 마음이나 인간적인 감정을 모두 끊어야 하는 것으로 오해하기 쉽다. 또 인간적 고민을 호소하는 사람을 차가울 정도로 냉정하게 대하는 스님의 모습이 그려지기도 한다. 정말 깨달음을 위해서는 인간이 느끼는 감정을 끊어야 하는 것일까? 그리고 깨달은 사람은 어떠한 인간적인 바람에도 흔들리지 않는 존재일까? 그 속내를 들여다보자.

뿌리 깊은 나무는 바람에 흔들리지 않는다

불교에서는 인간의 마음을 두 가지 측면으로 바라본다. 진여眞如와 생멸生滅이 바로 그것이다. 진여가 흔들림 없이 고요한 마음이라면, 생멸은 일어났다 사라지는 마음이다. 생멸은 대상에 따라 마음이 이리저리 흔들리는 모습을 나타낸다. 예를 들어 누군가 나에게 욕을 했다고 해 보자. 그러면 우리 마음은 화로 인해 이리저리 요동친다. 그 순간 욕을 한 사람은 주인공이 되고 자신은 그에 따라 요동치는 조연으로 전락하고 만다. 그런데 그 사람이 나에게 미안하다고 사과하면 우리 마음은 다시 평정을 찾을 수 있다. 사과한 사람의 말에 따라 내 마음이 움직인 것은 욕을 들었을 때와 마찬가지다. 이처럼 대상에 따라 흔들리는 마음을 생멸이라 한 것이다.

반면 진여는 흔들림 없이 고요한 마음이다. 예컨대 다른 사람이 나에게 욕을 해도 흔들림 없이 평정심을 유지하는 상태다. 현실에서는 결코 쉽지 않은 일이다. 붓다는 그런 진여의 경지에 이른 인물이다. 언젠가 붓다에게 욕을 한 바라문이 있다. 붓다는 그 사람의 거친 말에 반응하지 않고 침착하게 비유를 들어 그를 설득한다. 그에게 만일 손님이 집에 찾아오면 어떻게 하느냐고 묻자, 바라문은 맛있는 음식을 준비해서 대접한다고 답한다. 그런데 손님이 바쁜 일이 있어서 음식을 먹지 못하고 돌아가면 남은 음식은 어떻게 하느냐고 되묻는다. 그는 당연히 자신이 먹어야 하지 않느냐고 말한다. 이때 붓다의 입에서 촌철살인의 한마디가 흘러나온다.

> "당신은 나에게 욕이라는 음식을 대접했지만, 나는 그 음식을 먹지 않았습니다. 그렇다면 남은 욕은 누가 먹어야 하겠습니까?"

바라문은 붓다의 말에 자신의 어리석음을 뉘우치고 용서를 구한 다음 붓다의 제자가 된다. 붓다는 자신에게 욕하는 사람마저 제자로 만든 위대한 인물이다. 그 힘의 원천은 어디서 나온 것일까? 바로 어떠한 상황에서도 흔들리지 않는 진여의 마음, 즉 깨달음에서 나온 것이다. 진여의 마음일 때 우리는 대상에 휘둘리지 않고 주체적인 삶을 살 수 있다고 불교에서는 강조한다. 그래서 생멸의 마음을 극복하고 진여의 마음을 추구하는 것이 불교적 삶의 목표라 할 것이다.

생멸의 마음일수록 중생에 가깝고 진여의 마음일수록 붓다에 가깝다고 할 수 있다. 불교는 중생의 삶을 청산하고 붓다로 사는 것을 추구한다. 그러니 당연히 대상에 따라 이리저리 흔들리는 마음을 내려놓는 훈련을 중시한다. 명상이나 절, 염불, 기도 등의 수행은 이를 위한 실천이다. 한마디로 괴로운 삶에서 행복한 삶으로의 변화를 위한 실천에 모든 초점이 맞춰진 것이다. 이러한 진여와 생멸은 같은 의

미를 지닌 여러 용어와 함께 사용된다. 이를 간단히 정리하면 다음과
같다.

붓다 : 보리菩提, 진여眞如, 열반涅槃
중생 : 번뇌煩惱, 생멸生滅, 생사生死

표현은 조금씩 다를 수 있지만 여하튼 괴로움이 가득한 번뇌와 생
멸, 생사의 세계에서 행복이 넘치는 보리와 진여, 열반의 세계로 건너
가는 것이 종교로서의 불교다. 사찰에 가면 반야용선般若龍船을 타고
깨달음의 세계로 건너가는 그림을 볼 수 있다. 이 배는 괴로움이 가득
한 차안此岸에서 괴로움이 소멸된 피안彼岸의 세계로 건너가는 구원의
배다. 그 배가 바로 불교라는 종교다.

이러한 진여의 마음은 뿌리 깊은 나무에 비유할 수 있다. 뿌리가
얕은 나무는 그리 심하지 않은 바람에도 쉽게 흔들리거나 넘어질 수
있다. 진여의 힘보다 생멸의 힘이 강하게 작용하는 중생처럼 말이다.
그러나 뿌리 깊은 나무는 그 어떤 세찬 바람에도 쉽게 넘어지지 않는
다. 마치 그 어떤 욕설에도 흔들리지 않던 붓다의 경지와 같다.

그렇다면 진여를 깨달은 사람이 기쁘거나 슬퍼하는 사람을 보면 어
떤 반응을 보일까? 진여가 흔들리지 않는 마음이라 했으니, 평정심을
유지해야 옳을 것이다. 마치 돌부처나 목석처럼 말이다. 정말 그럴까?

그래도 갈대는 흔들린다

앞서 언급한 것처럼 뿌리 깊은 나무는 그 어떤 바람에도 쉽게 흔들리지 않는다. 그러나 우리가 여기에서 주목할 것이 있다. 그것은 바로 흔들리지 않는 것은 나무의 뿌리이지 나뭇잎이 아니라는 사실이다. 튼튼하고 오래된 나무의 뿌리는 그 어떤 바람에도 쉽게 흔들리지 않지만, 나뭇잎은 미세한 바람에도 이리저리 흔들린다. 그 바람이 무엇인가? 중생이 느끼는 슬픔과 분노, 절망 등이 그것이다. 한마디로 고통의 바람이라 할 것이다. 깨달은 사람은 중생의 그러한 바람을 온몸으로 함께 느끼는 존재다. 그것이 깨달음의 참모습이며 불교의 존재 이유다.

이처럼 깨달은 사람은 뿌리 깊은 나무에 비유할 수 있지만, 개인적으로는 흔들리는 갈대에 마음이 더 끌린다. 다만 뿌리가 부실한 갈대가 아니라 아주 튼튼한 뿌리를 내린 갈대라야 할 것이다. 뿌리마저 흔들린다면 그것은 중생이 느끼는 생멸의 마음과 다름없기 때문이다. 흔히 갈대는 아주 작은 바람에도 쉽게 흔들리기 때문에 인간의 연약한 마음을 비유할 때 많이 동원된다. 그러나 바람에 흔들리는 갈대의 모습을 볼 때마다, 그것이 세상 사람들의 기쁨과 슬픔을 함께 나누는 진정한 깨달음의 모습이 아닌가 생각된다. 그리고 깨달은 사람은 뿌리 깊은 갈대와 같아야 한다고 본다. 왜 그럴까?

불교는 깨달음과 자비의 가르침이다. 깨달음을 그렇게 중시하는 이유는 나와 세계가 하나라는 바탕에서 참다운 자비의 실천이 나오기 때문이다. 그런데 자비慈悲가 무엇인가? 바로 다른 이의 기쁨을 함께 기뻐하는 것慈이며, 또 다른 이의 슬픔을 함께 슬퍼하는 것悲이다. 깨달은 이의 내면은 뿌리와 같이 흔들림 없는 진여의 마음이지만, 외적 모습은 그렇지 않다. 외적으로 흔들리지 않는다면 그것은 불교의 참 모습과는 거리가 멀다. 깨달은 이는 중생의 미세한 바람에도 함께 흔들리는 그런 존재다. 중생의 기쁨을 자신의 기쁨처럼 여기고, 중생의 아픔을 자신의 아픔처럼 느끼는 것이 깨달음의 실천, 즉 자비다. 그래서 유마 거사도 외치지 않았던가. 중생이 아프므로 내가 아프다고 말이다. 갈대처럼 미세한 바람에도 흔들리는 것, 이것이 중생을 사랑하는 참모습인 것이다.

원효 스님에 의하면 깨달은 사람은 두 가지 특징이 있다고 한다. 하나는 지혜가 청정智淨하다는 것이며, 다른 하나는 헤아릴 수 없는 작용不思議業을 한다는 것이다. 지혜가 청정하다는 것은 뿌리 깊은 나무 혹은 뿌리가 튼튼한 갈대와 같은 진여의 마음을 가리킨다. 그러나 이런 모습만 있다면 참다운 깨달음이 아니다. 즉 헤아릴 수 없는 작용을 통해 중생의 아픈 마음을 어루만져야 참다운 깨달음이라는 것이다. 가을바람에 흔들리는 갈대처럼 자비의 몸짓이 진여의 마음에서 자연스럽게 나와야 한다는 것이다.

그래서일까? 원효 스님은 남편을 잃고 아파하는 요석 공주를 품에 안았다. 이를 단순히 파계로 보는 시각도 있지만, 내게는 그렇게 보이지 않는다. 공주는 흔들리는 바람이었고, 원효 스님은 그 바람을 온몸으로 함께 느끼는 갈대였다. 마음의 상처로 아파하는 바람을 연민과 자비의 잎으로 감싸 안은 것이다. 원효 스님의 위대함은 이런 데서 나오는 것이 아닐까. 다른 이의 아픔을 돌부처나 목석처럼 차갑고 냉정하게 대하는 것이 아니라 흔들리는 갈대처럼 함께 느끼고 품에 안는 것이 깨달은 이의 참다운 모습일 것이다. 그 바람을 함께 느낌으로써 설총이라는 인물을 얻었으니, 참으로 위대한 갈대 아니겠는가.

깨달음은 마음속 번뇌를 모두 잠재운 것이지만, 외부의 바람을 있는 그대로 받아들이는 섬세함은 그대로 남아 있다. 그래야 중생의 아픔과 함께할 수 있기 때문이다. 불교에서 번뇌를 단절해야 한다고 강조하는 부분은 나무나 갈대의 뿌리이지 결코 나뭇잎이나 갈댓잎이 아니다. 즉 우리의 깊은 내면에 잠재한 번뇌는 끊어야 할 대상이지만, 외적 대상으로 흔들리는 마음은 포용해야 한다는 것이다. 그것이 기쁨이든 아니면 슬픔이나 분노이든 상관없이 말이다. 깨달은 사람은 중생이 느끼는 감정과 있는 그대로 만나 그들과 함께하고 때로는 그들의 어리석음을 지적해 삶의 변화를 이끄는 존재다.

경전을 보면 붓다도 때로는 화를 내는 모습이 나온다. 그러나 그 화는 내면의 화가 아니라 상대를 교화하기 위한 외적인 화이다. 즉 상대를 신정으로 변화시키기 위한 자비의 몸짓이라는 것이다. 마치 학생의 잘못을 고쳐 주기 위해서 따끔하게 혼내는 선생님과 같다. 그런데 그 선생님의 내면은 결코 흔들리지 않는다. 그 위대하고도 아름다운 몸짓은 돌부처나 목석이 아니라 갈대를 많이 닮았다. 우리가 만나는 붓다는 목석처럼 차가운 존재가 아니라 때로는 웃고 울기도 하며, 때로는 화를 내기도 하는 인간적인 존재다.

이제 깨달은 사람은 돌부처나 목석과 같다는 이미지에서 벗어났으면 좋겠다. 고민이 있을 때면 언제든 찾아가서 고민을 나눌 수 있는 이웃집 아저씨 같은 존재, 어린아이들과 숨바꼭질을 하면서 한바탕 크게 웃을 수 있는 존재, 부드러운 산들바람이나 거센 폭풍우에 관계없이 중생의 몸짓과 함께 하는 존재로 말이다. 그것이 깨달은 이의 참 모습이기 때문이다.

14

점치는 사람이
보살인가?

무 속 인 **vs** **보 살**

보살 이미지

종교마다 신도를 부르는 이름이 있기 마련이다. 기독교에서는 남자 신도를 형제라 부르고, 여자 신도를 자매라 한다. 불교에서는 남녀별로 각각 거사와 보살이라는 호칭을 주로 사용한다. 그런데 사찰을 벗어나면 보살이라는 이름이 점을 치는 여성을 가리키는 용어로 쓰이기도 한다. 그래서 밖에서 여성 불자를 만나서 '보살님'이라고 부르면 간혹 오해를 받기도 한다.

언젠가 음식점에서 여성 불자 한 분을 우연히 만난 적이 있다. 나는 반가운 마음에 '안녕하세요, 보살님.' 하고 인사를 건넸다. 그런데 음식점에 있던 사람들이 그 여성을 쳐다보는 것이었다. 아마 그분을 무속인으로 생각해서 그런 것 같았다. 순간 내가 마치 실수라도 한 것처럼 그분에게 미안한 느낌이 들었다. 불교에서는 일상적으로 쓰는 용어인데, 밖에서는 그렇지 않은 모양이다. 집에 돌아와 곰곰이 생각해 보니 조금 화가 났다. 불자들이 자신들의 용어를 쓰면서도 눈치를 봐야 한다는 생각이 들었기 때문이다. 그때는 무속인은 '보살'이라는 용어를 사용해서는 안 된다는 사용 금지 가처분 신청이라도 내고 싶은 심정이었다.

보살뿐만 아니라 법사 또한 마찬가지다. 이 용어 역시 남자 무속인을 가리키는 용어로도 쓰이니 말이다. 법사法師, dharma bhanaka란 원래 대승불교 운동이 일어날 당시 붓다의 사리를 모신 탑을 관리하면서 탑을 찾은 사람들에게 붓다의 생애나 가르침을 전하는 사람을 가리키는 말이었다. 오늘날에는 불법에 정통해 사람들에게 이를 전하는 스승이라는 의미로 쓰인다. 그래서 법회 때 법문을 하는 사람을 가리켜 법사라 부른다. 그런데 이 용어도 일상에서 사용하면 무속인이란 오해를 받기 십상이다.

언어라는 것이 사회적으로 한번 고정돼 사용되면 쉽게 바뀌지 않는다. 아무리 언론에서 '자장면'이 옳다고 강조해도 사람들은 '짜장면'이란 말을 더 많이 쓴다. 그러다 보니 이제는 '짜장면'도 표준어가 되었다. 언어는 결국 그것을 사용하는 사람들 간의 사회적 약속인 셈이다. 사람들이 많이 사용하면 약속도 변경될 수 있다. 나는 작년까지 강의를 할 때 일체一切란 말이 나오면, 포장마차나 식당에서 쓰는 '안주일절'을 잘못된 한자 사용의 대표적 예로 강조했다. 그러나 올해부터는 그런 말을 하지 않기로 했다. 사람들은 그것이 비록 잘못된 언어임을 알아도 '안주일체'보다 '안주일절'을 훨씬 익숙하고 자연스럽게 느끼기 때문이다.

보살이란 용어도 마찬가지다. 보살이란 불교에서 이러이러한 의미를 가진 용어이니, 무속인이 사용하면 안 된다고 아무리 강조해도 쉽게 바뀔 수 없다. 이미 사회적으로 어느 정도 내면화되었기 때문이다. 그렇다면 적어도 보살이란 어떤 의미인지, 어떤 삶을 지향하는 사람인지에 대한 분명한 이해는 있어야 한다. 보살이란 용어에 담긴 의미가 너무 성스럽고 고귀하기 때문이다. 그리고 스스로 보살의 삶을 살고 있는지에 대한 성찰이 필요할 것이다.

점집과 무속인

불혹을 훌쩍 넘긴 나이에 무속인의 길에 들어선 친구가 있다. 가족과 주위의 만류에도 어쩔 수 없이 그 길을 가야 했던 친구를 생각하니, 안타까운 마음이 깊숙이 밀려왔다. 처음에는 위로를 해 주고 싶은 마음이었는데, 달리 생각해 보니 그것은 위로가 아니라 축하와 격려를 해야 할 일이었다. 그 친구에게 무속인의 삶은 새로운 시작을 의미하기 때문이다. 그래서 나는 가까운 벗들과 함께 케이크를 사서 신당에 찾아가려 하였다. 그런데 그 친구가 모시는 신이 술을 좋아한다고 해서 양주와 사탕 등을 챙겨 신당을 찾아가 축하를 해 주었다. 그러고 나니 마음이 한결 가벼워진 듯했다.

무속인에 대한 사회적 시선이 곱지 않은 것이 사실이다. 그러면서도 자신의 삶에 문제가 생기면 그들을 찾아가 어떻게 하면 문제를 해결할 수 있는지 도움을 청하는 이율배반적 모습을 보인다. 언젠가 점집을 다녀온 사람에게 기분이 어떠냐고 물어본 적이 있다. 들리는 대답은 한마디로 아주 시원하다는 것이었다. 평소 고민하던 문제로 머리가 아팠는데, 그곳에서 얘기를 듣고 마음이 편안해졌다는 것이다. 그때 떠오른 생각은 점집은 어쩌면 오늘날 심리 상담소 역할을 하는 게 아닌가 하는 것이었다.

그랬다. 실제로 점집은 오늘날 온갖 스트레스로 힘들어하는 사람들의 고민을 들어주고 나름대로 해결책을 제시해 주는 공간으로 자리 잡았다. 사람들은 저마다 상처를 안고 살아간다. 그러나 그 상처를 다른 사람에게 보이는 것이 두려워 그것을 감추면서 살고 있다. 예컨대 남편이 바람을 피우거나 혹은 자식이 속을 썩인다고 해 보자. 웬만큼 친한 사이가 아니면 쉽게 속내를 드러내기 어렵다. 그렇게 혼자 끙끙 앓다가 찾아가는 곳이 바로 점집이다.

그곳에 가면 남들한테 하기 힘든 얘기도 쉽게 나오는 모양이다. 그것도 자발적으로 말이다. 마음속 깊은 곳에 숨겨온 얘기를 막힘없이 털어놓는다. 그러니 얼마나 속이 시원하겠는가! 그동안 쌓인 스트레스가 모두 풀리는 느낌일 것이다. 그렇게 자신의 속에 있던 얘기를 다 하고 나면, 이제 무속인의 역할만 남았다. 무속인은 나름대로 자신이 쌓은 노하우로 손님에게 지금까지 겪은 고통의 원인을 분석하고 대안을 제시해 준다. 그 분석과 대안이 합리적인지 아닌지는 중요하지 않다. 과학적으로 검증할 수 없는 문제이기 때문이다. 그 대안을 받아들이느냐 마느냐는 결국 고민을 안고 찾아간 사람의 판단에 달려 있다. 대안이 마음에 와 닿는 사람은 점집을 가볍고 홀가분한 기분으로 나올 것이며, 그렇지 않은 사람은 무거운 발걸음으로 점집을 나올 것이다. 어쩌면 또 다른 점집을 찾아 나설지도 모를 일이다.

사람들은 몸이 조금만 아파도 병원을 찾아가 병이 생긴 원인을 진단하고 처방을 받아 치료를 한다. 환절기에는 병원이 감기 환자로 넘쳐 날 정도다. 이처럼 몸이 아프면 병원을 찾는 것은 당연한데, 마음이 아프면 그것이 그리 만만치 않다. 살다 보면 우리의 마음에도 크고 작은 병이 생기기 마련이다. 마음에도 감기가 걸리고 타박상도 생긴다. 그런데 마음에 생긴 상처로 병원을 찾으면, 마치 스스로 정신병 환자라는 생각이 들어 자꾸 꺼리게 된다. 다른 사람이 자신을 그렇게 생각하는 시선 또한 부담스럽다. 요즘은 많이 나아졌다고 하지만, 마음에 병이 든 사람이 신경 정신과를 찾는 일은 그리 간단한 일이 아니다.

그래서 쉽게 찾는 곳이 바로 점집이다. 실제로 점집은 신경 정신과나 심리 상담소와 같은 역할을 하고 있다. 일종의 마음의 병을 치유하기 위해 찾는 공간이라 할 수도 있다. 그 처방이 과학적인지 아닌지는 중요하지 않다. 문제는 적지 않은 사람이 그곳의 처방을 의지한다는 데 있다. 때로는 그 처방으로 마음의 병이 낫기도 한다. 그래서인지 점집의 시장 규모가 연간 수조 원에 이른다는 얘기도 있다. 그만큼 사람들이 점집을 많이 찾는다는 의미다. 요즘은 인터넷에서도 유행해 사람들이 점을 보는 것에 접근하기가 훨씬 쉬워졌다.

보살의 삶

이처럼 점집은 최첨단 과학 시대를 사는 오늘날에도 여전히 위력을 발휘한다. 선거철마다 그곳이 문전성시를 이루는 현상은 어제오늘의 일이 아니다. 점을 치는 일도 하나의 직업이다. 그렇기 때문에 그 일을 두고서 옳으니 그르니 가치 판단을 하고 싶지는 않다. 그러나 점집 간판에 '아기보살', '처녀보살' 등을 써 놓고 일할 때는 적어도 이름에 대한 예의는 지켰으면 하는 바람이다. 즉 보살이라는 이름을 사용하려면 그 의미가 무엇인지, 보살은 어떤 삶을 지향하는 존재인지에 대해 바르게 이해했으면 하는 것이다.

보살菩薩은 원래 싯다르타가 깨달음을 얻어 붓다가 되기 이전의 수행자를 가리키는 용어였다. 즉 싯다르타가 수행을 통해 '깨달은 사람覺者'이라는 뜻의 붓다가 된 것이다. 이처럼 보살이란 말은 붓다에게만 해당되는 용어였다. 그런데 대승불교 운동이 활발히 진행되면서 그 의미가 점차 변했다. '위로는 진리를 구하고上求菩提, 아래로는 중생을 구제한다下化衆生.'는 이념으로 살고자 하는 모든 사람을 가리켜 보살이라고 하였다. 이를 범부보살凡夫菩薩이라 한다. 이런 마음으로 출가한 사람을 비구 보살·비구니 보살로 불렀으며, 재가자는 우바새 보살·우바이 보살이라고 하였다. 한마디로 보살은 대승불교에서 지향하는 이상적인 인간상이었던 것이다.

이런 보살이 나아가는 길을 보살도菩薩道라고 한다. 보살의 길은 발심發心과 원願, 행行의 세 단계로 이루어져 있다. 먼저 발심은 발보리심發菩提心의 준말로 진리의 마음, 깨달음의 마음을 내는 것이다. 보리菩提, bodhi는 진리, 깨달음을 의미한다. 이런 마음을 우리 모두 갖추고 있기 때문에 이를 실현시키기 위해서는 먼저 그 마음을 일으키는 것이 중요하다. 불교에서는 우리 모두는 본래부터 붓다가 될 수 있는 성품佛性을 지니고 있다고 한다. 발심은 바로 불성이라는 씨앗을 땅에 심는 일이다. 진정한 의미의 출가도 발심이 되었는가, 아닌가에 그 기준이 있다 할 것이다.

다음으로 원願은 발심을 구체적인 삶의 목표로 확립하는 일이다. 불교에서는 보살의 길을 가고자 하는 모든 이에게 해당되는 총원總願을 가리켜 사홍서원四弘誓願, 즉 네 가지 큰 서원이라 부른다. 이는 모든 중생을 구제하겠다는 서원이 중심이 된다. 이를 위해 필요한 것이 바로 번뇌를 끊고, 법문을 배우며 마침내 성불하는 일이다. 모든 불교의식은 사홍서원을 합송하면서 마치는데, 이런 마음으로 살겠다는 다짐을 마음에 새기면서 회향하는 것이다. 그래서 보살은 원생願生, 즉 원으로 사는 사람이며 중생은 욕생欲生, 즉 욕심으로 사는 사람이라고 한다.

1. 중생무변서원도衆生無邊誓願度 : 중생을 다 건지오리다.

2. 번뇌무진서원단煩惱無盡誓願斷 : 번뇌를 다 끊으오리다.

3. 법문무량서원학法門無量誓願學 : 법문을 다 배우오리다.

4. 불도무상서원성佛道無上誓願成 : 불도를 다 이루오리다.

이처럼 발심을 하고 구체적인 삶의 목표로 확립했으면, 다음으로는 이를 실천하는 일이 중요하다. 이러한 실천行을 육바라밀波羅蜜, Pāramitā이라 한다. 바라밀이란 지혜의 완성과 괴로움이 가득한 차안此岸에서 괴로움이 멸한 피안의 세계로 건너간다到彼岸는 두 가지 의미를 지니고 있다. 이를 위한 여섯 가지 실천은 보시布施와 지계持戒, 인욕忍辱, 정진精進, 선정禪定, 지혜智慧로 이루어져 있다.

보살은 한마디로 말하면 다른 사람을 위해 살겠다는 서원을 세우고 이를 실천하는 사람이다. 그래서 다른 이들을 위해 내가 가진 모든 것을 나누어 주고, 계율을 지키며 정진하는 삶을 지향하는 것이다. 대승불교에는 관음보살을 비롯해 문수보살, 보현보살 등 수많은 보살이 있다. 그중에서도 원이 가장 큰 보살은 누가 뭐라 해도 지장보살이라 할 것이다. 이 보살은 지옥 중생이 모두 성불할 때까지 자신은 결코 성불하지 않겠다는 서원을 세운 분이다. 지장보살의 원이 가장 크다 하여 대원본존大願本尊이라 부른다. 나를 위한 삶이 아니라 다른 모든 이를 위해 살겠다는 이타 정신의 극치라 할 것이다.

보살은 이런 이념으로 사는 사람이기 때문에 앞에서 성스럽고 고귀하다고 말한 것이다. 이런 의미의 보살이 오늘날 여성 불자를 가리키는 용어로도 사용되지만, 그 거룩한 용어에 담긴 이타利他의 정신, 사랑의 정신은 불교의 존재 이유이기도 하다. 무속인이 보살이란 용어를 사용하려면 적어도 이런 삶의 지향성을 이해하고 실천하려는 마음을 냈으면 하는 바람이다. 그것이 무엇이겠는가? 자신을 찾아오는 이의 아픈 상처를 어루만져 주는 일이 될 것이다. 즉 그들의 아픔을 곧 나의 아픔으로 생각하고 진실한 대안과 처방을 제시해야 한다는 것이다.

이름에는 그에 어울리는 내용과 준엄한 책임이 따르기 마련이다. 보살이란 이름으로 다른 이의 상처를 악용하여 자신의 욕심을 챙기는 사람들 이야기가 가끔씩 뉴스를 통해 흘러나온다. 그럴 때마다 보살이란 이름에 담긴 거룩한 의미가 훼손되는 것 같아 마음이 아프다. 보살이라 불리는 이들은 스스로에게 이런 질문을 던져야 한다.

'나는 진정 보살의 길을 가고 있는가?'

타력과 자력을 두고서 옳으니 그르니 하는 것은 일종의 난센스다. 종교는 검증의 대상이 아니라 믿음의 대상이기 때문이다. 따라서 어느 것을 선택하느냐는 철저하게 개인의 몫이다. 누군가는 신에게 의존하는 삶보다 스스로를 의지하는 삶에 마음이 끌려 불교를 선택할 수 있다. 반대로 창조주로 믿는 신에게 의존하는 삶을 선택하는 사람도 있다.

3부   # 열린 종교

15

구원에 이르는 길

타 력 종 교 **VS** 자 력 종 교

불교는 종교가 아니라고?

중·고등학교 시절 교회에 열심히 다닌 적이 있다. 그때는 불교에 대해 전혀 몰랐기 때문에 그저 나쁜 짓 하지 말고 착하게 살라는 가르침 정도로만 이해했다. 속으로 '그런 말은 누군들 못해?'라고 생각한 적도 있다. 그 시절 나는 불교를 윤리적 차원으로만 받아들인 것이다. '삶이란 무엇인가?'라는 관념적이면서도 근원적인 물음에 대해 속 시원한 대답을 기대했던 당시로서는 불교가 그리 눈에 들어오지 않았다. 신을 믿고 의지만 하면 천국이 보장된다는 정도의 한 방은 있어야 하지 않느냐고 생각했던 것이다. 신이 이 세계를 창조했으며, 따라서 신이 인간의 존재 이유라고 믿었기 때문이다.

그런데 어느 순간 '그럼, 나란 존재는 뭐지?'라는 실존적 고민을 하게 되었다. 들리는 대답은 나의 존재 의미는 창조주인 신을 즐겁게 하는 데 있다는 것이었다. 결국 나는 내 삶의 주인공이 될 수 없었던 것이다. 어느 날 우연히 동양 철학 서적을 읽다가 나 자신이 곧 우주이며, 주인공이라는 대목에서 눈이 번쩍 뜨였다. 어떤 절대적 존재의 피조물이 아니라 스스로 주인의 삶을 살 수 있다는 생각 때문이었는지 가슴이 뜨거워지는 것을 느꼈다. 내게 학창 시절은 그런 고민으로 가득했고, 아마도 그런 인연으로 철학을 공부하게 되지 않았나 싶다.

그 시절 불교는 종교가 아니라는 관념이 내게도 있었던 것 같다. 이것은 비단 나만의 생각은 아닐 것이다. 아무래도 '종교' 하면 먼저 떠오르는 것이 신이기 때문이다. 종교를 신과의 관계로만 이해하면 불교나 유교 등 동양의 종교는 종교가 아니다. 이런 시각은 종교학의 발달로 종말을 고한 지 오래되었지만, 우리나라 현실에서는 여전히 위력을 발휘하고 있다. 전형적인 서구 중심의 종교 이해에서 아직도 벗어나지 못하는 것이다.

그런데 신과의 관계 속에서 종교를 이해하려는 입장을 폐기한 것은 오히려 그들이었다. 서구의 종교학자들은 종교를 신과의 만남으로만 정의하면 동양의 종교를 이해할 수 없다는 문제의식을 갖게 되었다. 유대교나 기독교, 이슬람교뿐만 아니라 불교나 유교, 도교 등을 아우를 수 있는 새로운 정의가 필요했던 것이다. 오랜 고민 끝에 그들은 자신들이 내린 종교에 대한 정의를 수정하기에 이른다. '성聖'과 '속俗'이란 개념을 중심으로 종교를 정의하려는 입장은 이런 고민에서 나온 대안 중 하나다.

인간은 아무리 오래 산다 해도 언젠가는 죽을 수밖에 없는 존재다. 그런 유한한 인간의 삶을 '속'이라는 개념으로 그들은 정리하였다. 그런데 인간은 종교적 욕구를 가진 존재다. 즉 유한한 삶에서 벗어나 영원한 삶을 추구하는 존재라는 것이다. 인간의 영원성에 대한 욕구를 종교학자들은 '성'이라는 용어로 정립하였다. 인간은 유한할 수밖에 없는 실존을 종교적 욕구를 통해 해소하려 하였고, 각각의 종교는 그러한 욕구를 충족시켜 주는 체계를 제공하기 때문이다. 세속적인 삶에서 벗어나 거룩한 삶을 추구하는 것은 인간의 본질적인 욕구였던 것이다.

이처럼 신과 종교는 이별을 고하고, 이제 새로운 용어인 '거룩함'과 만나게 되었다. 그렇다고 내용물이 크게 달라진 것은 아니다. 거룩함에 대한 서구 문화의 표현이 곧 신이기 때문이다. 여전히 서구의 종교는 '신'이라는 절대 타자를 본질로 하는 종교이다. 그렇다면 동서양의 종교를 대표하는 불교와 기독교의 종교 이해는 어떤 차이를 보일까? 그리고 불교와 기독교는 구원에 이르는 길을 어떻게 그릴까? 그 길을 찾아 피안彼岸의 세계로 여행을 떠나 보자.

절대 타자에 의존하는 삶

인간을 생각하는 갈대에 비유한 파스칼 Blaise Pascal, 1623~1662은 종교에 대해 재미있는 접근을 했다. 즉 그는 종교를 도박 wager에 비유했던 것이다. 그에 의하면 신의 존재를 믿는 것이 믿지 않는 것보다 훨씬 좋은 베팅이라고 한다. 왜냐하면 신의 존재를 믿는 쪽의 기대 가치가 믿지 않는 쪽의 기대 가치보다 훨씬 크기 때문이라는 것이다. 이를 쉽게 정리하면 다음과 같다.

	신이 존재할 경우	신이 존재하지 않을 경우
신을 믿을 경우	**천국**	**이득 없음**
신을 믿지 않을 경우	**지옥**	**이득 없음**

만일 신이 존재한다면, 신을 믿고 종교 생활을 한 사람에게는 천국이라는 초대박이 주어진다. 반대로 신을 믿지 않은 사람에게는 지

옥이라는 가장 비극적인 결과가 기다린다. 혹여 신이 존재하지 않더라도, 종교 생활로 손해를 보는 것은 그리 크지 않다. 주말마다 교회에 가는 시간과 일정 정도의 헌금은 신을 믿음으로써 얻게 되는 천국에 비하면 아무것도 아니기 때문이다. 그런데 신이 존재할 확률은 50퍼센트다. 존재하거나 존재하지 않거나 둘 중 하나이기 때문이다. 따라서 신을 믿는 것이 신을 믿지 않는 것보다 훨씬 이득이라는 결론에 도달하게 된다.

아주 흥미로운 시도라 할 것이다. 이를 흔히 '파스칼의 도박Pascal's Wager'이라 부른다. 이러한 파스칼의 태도는 기독교를 믿지 않는 사람들이 신을 믿도록 하기 위해 신앙을 수단화했다는 비판에 직면하기도 했다. 아마 파스칼이 오늘날 태어났다면 종교를 보험료는 조금 내고 보험금은 아주 많이 타는 보험이나 당첨 확률이 매우 높은 로또에 비유하지 않았을까싶다. 어찌 보면 혹시 있을지도 모르는 신이나 천국, 지옥에 대한 인간의 불안 심리가 반영된 것은 아닌지 모를 일이다.

신은 서구 종교인 기독교를 정의하는 데 없어서는 안 될 본질적인 요소이다. 종교를 영어로 릴리전religion이라 하는데, 이는 원래 '다시 again'를 뜻하는 글자 're'와 '결합take up'을 의미하는 글자인 'ligion'의 합성어다. 즉 릴리전은 신과 인간의 재결합을 의미한다. 최초의 인간인 아담과 이브가 에덴동산에서 신의 명령을 어기고 선악과를 따먹은 죄로 인간과 신은 이별했는데, 그리스도를 통해 다시 결합했다는 것이다. 인간의 죄로 인해 인간과 신 사이에는 건널 수 없는 강이 존재하게 되었다. 그런데 신과 인간이 만날 수 있는 다리 역할을 그리스도가 했으며, 그것이 곧 종교라는 것이다. 따라서 서구 중세 사회에서 종교는 곧 기독교를 의미했다.

교회에서는 항상 강조되는 것이 있다. 그것은 아무리 기도를 잘했더라도 '우리 주 예수 그리스도의 이름으로 기도하옵나이다.'라는 말이 빠지면, 기도가 신에게 전달이 되지 않는다는 것이다. 즉 모든 기도는 그리스도를 통해서만 신에게 전달될 수 있다는 것이다. 따라서 그를 거치지 않고 직접 신과 교통하는 것은 있을 수 없으며, 만약 이와 다른 주장을 하면 이단이라는 이름으로 종교 재판을 받아야 했다.

이처럼 신은 기독교의 종교 정의에 있어서 필수적인 요소다. 이 절대 타자에 의존함으로써 종교의 목적인 구원을 성취하는 것을 흔히 타력他力 종교宗敎라 한다. 인간은 결코 스스로의 노력으로 구원을 얻을 수 없다. 인간은 신의 피조물이자 원죄를 안고 살아가는 존재이기 때문이다. 따라서 구원은 신의 은총에 의지하고 죄를 회개하는 삶을 통해서만 가능하다. 이것이 신을 중심으로 종교를 이해하는 전형적인 모습이다. 오늘날 신을 '성스러움'이라는 개념을 동원해 설명한다 해도, 창조주로서 신의 속성은 변하지 않는다. 물론 신의 인격성을 부정하는 전통도 있으나, 그것이 기독교의 주류는 아니기 때문에 여기에서는 논하지 않기로 한다.

스스로를 의지하는 삶

외국어를 우리말로 옮기거나 우리말을 외국어로 옮기다 보면, 본래의 의미가 왜곡되는 경우가 종종 있다. 그래서 번역을 반역이라고 하는지도 모르겠다. 릴리전이 종교로 번역된 것이 대표적인 예이다. 앞서 언급한 것처럼 릴리전은 신과 인간의 재결합을 의미한다. 그러나 우리말인 '종교'에는 그러한 의미가 전혀 담겨 있지 않다.

본래 '종교'는 불교 용어였다. 중국인은 인도에서 불교의 경전을 구해다가 그들의 언어로 번역하였다. 그 과정에서 그들은 『능가경』에 있는 '싯단타siddhanta'를 '으뜸'이라는 의미의 한자인 '종宗'자로 번역하였다. '싯다siddha'는 '성취된 것'이라는 의미이고, '안타anta'는 '극치'라는 의미다. 이 두 단어를 합치면 성취된 것의 극치라는 뜻이다. 이것은 깨달음, 열반을 가리키는 말이다. 그리고 '가르침'을 의미하는 '데샤나desana'를 '교敎'라고 하였다. 즉 종교는 말로 표현할 수 없는 깨달음, 궁극적 진리宗를 언어를 통해 가르친다敎는 의미다. 한자의 의미인 '으뜸가는 가르침'과 잘 어울리는 번역이라 할 것이다.

그런데 릴리전이 종교로 번역되면서, 종교 본래의 의미는 상실된 채 신과의 결합이라는 뜻으로 쓰이게 되었다. 그래서 신을 거론하지 않으면 종교가 아니라는 왜곡된 현상이 나타난 것이다. 이 정도라면 반역도 보통 반역이 아닌 것이다. 이런 릴리전과 종교의 상이한 의미를

불교란 무엇인가 불교란 무엇이 아닌가

극복하고 아우를 수 있는 개념이 앞에서 언급한 '거룩함聖'이다. 신은 거룩함의 서구적 표현이며, 깨달음 역시 거룩함의 불교적 표현이라는 것이다. 거룩함은 흔히 초월성과 절대성, 궁극성이라는 세 가지 특징을 지닌다고 한다. 불교의 깨달음은 거룩함의 이러한 특성을 잘 보여준다. 깨달음은 상대적인 모든 것이 초월된 절대적이고 궁극적인 체험을 나타내기 때문이다. 바로 여기에 불교의 종교성이 있는 것이다.

불교의 깨달음을 궁극적이라고 부르는 이유가 있다. 그것은 깨달음이 삶과 죽음의 문제를 해결하는 구조로 되어 있기 때문이다. 우리는 돈이나 명예, 이데올로기가 아무리 중요하다 해도 그것을 궁극적이라고 부르지 않는다. 그것들은 언젠가는 사라지는 유한한 것들이기 때문이다. 종교는 유한한 것이 아니라 영원한 것을, 상대적인 것이 아니라 절대적이고 궁극적인 것을 추구하는 가르침이다. 폴 틸리히Paul Tillich, 1886~1965가 종교를 '궁극적 관심ultimate concern'이라고 말한 것도 바로 이를 의미한다.

그런데 종교의 목적인 구원의 불교적 표현이라 할 수 있는 깨달음은 어떤 절대적 존재에 의해 주어지는 것이 아니다. 깨달음은 오직 스스로의 노력에 의해서만 얻을 수 있는 체험이다. 이를 타력 종교와 비교해서 자력自力 종교宗教라 부른다. 인간은 누구나 늙고 병들어 죽을 수밖에 없는 유한한 존재다. 이러한 인간의 실존을 불교에서는 '괴롭다苦'고 하였다. 그런데 인간은 자신의 노력에 의해 괴로움을 극복하고 깨달음을 얻을 수 있다고 한 것이다. 이러한 입장은 붓다의 최후의 가르침에도 잘 나타나 있다.

> "너 자신을 등불 삼고 너 자신을 의지하라. 진리를 등불 삼고 진리를 의지하라. 이 밖에 다른 것에 의지해서는 안 된다."

깨달음은 다른 존재가 아닌 자신을 등불 삼고自燈明 진리를 등불 삼아法燈明 정진할 때 이루어진다는 것이다. 이를 실제로 보여 준 인물이 바로 붓다이다. 스스로의 힘으로 깨달음에 이를 수 있는 것은 인간이 피조물이 아니라 우주의 중심이며 주인공이기 때문이다. 달리 말하면 인간은 본래부터 깨달음을 얻을 수 있는 성품을 갖추었기 때문이라는 것이다. 이것이 대승불교에 이르면 불성佛性이나 여래장如來藏 등으로 해석되기도 하였다. 붓다가 될 수 있는 성품, 여래가 될 수 있는 가능성을 누구나 갖추었기 때문에 스스로 노력하면 깨달음을 얻어 붓다가 될 수 있다는 것이다.

그런데 대승불교에는 자력 신앙과는 다른 유형도 보인다. 그것은 바로 아미타불이라는 절대 타자에 의지해 정토淨土에 태어나기를 바라는 타력 신앙이다. 일반적으로 자력과 타력은 양립할 수 없다. 그런데 왜 대승불교에서는 붓다의 가르침과 어긋나는 타력적인 신앙을 제시했을까? 여기에는 죄가 너무 깊어 스스로는 어찌 할 수 없는 인간마

저도 구원하겠다는 간절한 원願이 담겨 있다.

불교에서는 인간의 삶을 고해苦海에 비유하곤 한다. 우리는 모두 괴로움이라는 바다에 빠져 허우적대는 존재다. 붓다는 누구나 스스로 헤엄쳐 나올 수 있다고 가르쳤다. 그러나 현실적으로 힘이 너무 미약해서 스스로 나올 수 없는 사람은 어떻게 할 것인가? 그저 방치해야 할 것인가? 그것은 종교로서의 임무를 방기하는 것이다. 그들이 고통의 바다에서 나올 수 있도록 구원의 손을 내미는 존재를 대승불교에서는 방편으로 설정한 것이다. 그 존재가 바로 아미타불이다. 그래서 '나무아미타불 관세음보살'을 간절한 마음으로 염불하면 정토에서 태어날 수 있다고 강조했던 것이다.

타력과 자력을 두고서 옳으니 그르니 하는 것은 일종의 난센스nonsense다. 종교는 검증의 대상이 아니라 믿음의 대상이기 때문이다. 따라서 어느 것을 선택하느냐는 철저하게 개인의 몫이다. 누군가는 신에게 의존하는 삶보다 스스로를 의지하는 삶에 마음이 끌려 불교를 선택할 수 있다. 반대로 창조주로 믿는 신에게 의존하는 삶을 선택하는 사람도 있다. 그런데 오로지 하나의 길을 통해서만 구원에 이를 수 있다고 하면서, '예수천당 불신지옥'을 외치는 것은 상대 종교에 대한 예의가 아니다. 내 선택이 중요하듯 상대의 선택도 존중할 줄 아는 것, 그것은 종교의 상식이자 기본이다. 상식이 회복된 사회를 희망하는 것은 결코 나만의 생각은 아닐 것이다.

16

파라다이스를
찾아서

성속분리 **vs** 성속불이 不二

파라다이스는 어디에?

종교의 매력은 뭐니 뭐니 해도 사람들의 영원한 이상향, 즉 파라다이스에 있을 것이다. 파라다이스는 세속에서는 경험할 수 없는 온갖 즐거움과 행복이 넘쳐 난다고 보기 때문이다. 그것도 영원히 지속된다고 하니, 누군들 한번쯤 소망해 보지 않겠는가. 이런 소망이 결국 사람들을 종교의 길로 들어서게 하는 것이다. 그래서 신앙은 영원한 행복의 정원, 파라다이스를 찾아 떠나는 여행이라고 할 수 있다.

그런데 행복의 정원은 내 곁에 있는 것이 아니라 저 멀리 높은 곳에 있다고 한다. 내가 사는 이곳은 행복이 아니라 불행으로 가득한 곳이다. 가난 때문에 가족이 모두 세상을 버리기도 하고 온갖 불합리한 억압으로 고통 받는 곳이기도 하다. 이런 고통을 참고 견디며 저 높은 곳을 향해 한 걸음 한 걸음 걷다 보면 언젠가는 파라다이스에 도달할 수 있다고 종교는 우리에게 속삭인다.

　　천국을 꿈꾸는 인간의 심리를 이용해 자신들의 부와 권력을 정당화했던 시대도 있다. 서구 중세 사회가 그렇다. 성경에는 "부자가 천국에 가는 것은 낙타가 바늘구멍에 들어가는 것보다 힘들다."는 유명한 구절이 있다. 중세의 권력자들은 가난한 사람들을 착취하면서 그들을 향해 우리와 같은 부자들은 천국에 들어가지 못하고 너희는 천국에 갈 수 있으니 계속해서 가난하게 사는 것이 행복임을 알라고 주장하였다. 이처럼 자신들의 부를 유지하기 위해 그리스도의 말을 왜곡한 것을 보면, 중세에도 부자들은 부자인 이유가 있었던 것이다.

　　이러한 태도는 종말론을 외치며 집단 자살을 강요했던 사람들에 비하면 애교에 불과하다. 적어도 사람들을 죽음으로 몰고 가지는 않았으니 말이다. 1999년에는 유난히 이런 집단 자살이 유행처럼 번졌다. 종말이 다가왔으니 괴롭고 추악한 세상을 버리고 영원한 행복을 찾아 떠나자는 것이 사람들이 삶을 던진 이유였다. 파라다이스라는 환상이 가져온 엄청난 부작용이라 아니 할 수 없다. 파라다이스는 힘들게 살아가는 이들에게 희망의 메시지가 되기도 하지만 때로는 이처럼 엄청난 비극을 가져오기도 한다.

종교에는 파라다이스를 바라보는 두 가지 시선이 존재한다. 하나는 파라다이스가 세속을 떠나 저 높은 곳에 있다는 시선이다. 이들의 삶의 목표는 당연히 그곳에 다시 태어나서 영원한 행복을 누리는 것이다. 현세의 삶은 일시적인 것이므로 가난과 억압으로 고통 받아도 참고 견뎌야 한다. 마치 대학에만 들어가면 자유와 행복을 맘껏 누릴 수 있으니, 고등학교 3년간은 무조건 참고 공부에 매진해야 한다고 말하는 것과 같다. 가족과의 여행도, 친구들과의 즐거운 추억 쌓기도 그리 큰 의미를 갖지 못한다. 지금 이 순간은 대학 입학이라는 목적을 이루기 위해 잠시 버려도 되는 수단이기 때문이다.

이와는 달리 파라다이스는 저 멀리 있는 것이 아니라 우리 현재의 삶 속에 있다고 주장하는 이들도 있다. 이들에 따르면 우리가 꿈꾸는 이상 세계는 현실을 떠나 존재하는 것이 아니라고 한다. 내가 사는 이곳 그리고 지금이라는 시간이 곧 파라다이스라는 것이다. 그러니 파라다이스인 이곳에서 행복을 추구하는 것이 진정한 종교적 삶이라고 한다. 이런 시선에 의하면 고등학교 3년이라는 시간은 대학을 위한 수단이 아니라 그 자체로 목적이 된다. 그렇기 때문에 가족이나 친구들과의 여행은 그 자체로 매우 중요한 가치가 된다. 혹여 지금 이곳에 억압과 부조리가 난무하다면, 그것은 파라다이스를 파괴하는 일이니 적극적으로 대처해서 이곳을 진정한 파라다이스로 가꾸어야 한다고 그들은 주장한다.

　　이런 두 가지 시선을 어떻게 보아야 할까? 줄곧 언급한 것이지만, 종교는 믿음의 대상이기 때문에 어느 쪽이 옳다고 말하기는 힘들다. 그러나 어느 쪽을 선택하느냐에 따라 자신의 삶의 내용과 의미가 결정된다는 점에서 그 선택은 매우 중요하다. 우리가 꿈꾸는 파라다이스는 진정 어디에 있을까?

저 높은 곳을 향하여

사람들에게 널리 알려진 '저 높은 곳을 향하여'라는 제목의 찬송가가 있다. 가사에는 "괴로움과 죄만 있는 곳 나 비록 여기 살아도 빛나고 높은 저곳을 날마다 바라봅니다."라는 구절이 있다. 내가 사는 이곳은 죄와 괴로움이 가득한 곳이지만, 현실 속의 나는 항상 영원한 행복의 정원을 꿈꾸며 그곳을 바라본다는 내용이다. 그런데 '저 높은 곳'은 지금 당장 갈 수 있는 곳이 아니다. 그곳은 이 세상이 끝나는 날, 즉 종말의 그날에야 비로소 갈 수 있다. 그날, 창조주를 믿고 따른 사람에게는 파라다이스행 티켓이 주어지지만 그렇지 않은 사람에게는 지옥행 티켓이 주어질 것이다.

이러한 시선은 자연스럽게 종말론적 사유와 최후의 심판을 함축한다. 이들에 의하면 세상은 시작이 있으면 끝이 있다고 한다. 이 세상은 조물주에 의해 창조되었으며, 그 끝에 이르면 신의 최종 선택에 따라 우리의 미래가 결정된다. 이들의 최종 목표는 최후의 심판에 이르러 절대자의 은총으로 구원을 얻는 일이다. 따라서 지금 사는 현실은 삶의 중심이 될 수 없다. 지금 걷는 이 길은 목적지에 도달하기 위한 과정인 것이다. 이런 점에서 종말론적 사유는 우리의 삶을 아래에서 위를 향해 길게 뻗은 하나의 직선으로 바라본다. 그 지향점이 맨 위쪽에 있는 꼭대기임은 말할 필요도 없다.

서구 사회에 창조론과 종말론적 사유가 얼마나 뿌리 깊이 자리하는지를 보여 주는 사례가 있다. 1925년 미국 테네시 주에 있는 한 공립학교의 과학 교사가 학생들에게 진화론을 가르쳤다는 이유로 재판에 회부된 사건이 있었다. 재판 결과, 그 교사는 결국 벌금 100달러를 물었다. 당시 테네시 주에는 진화론을 가르쳐서는 안 된다는 법이 있었던 것이다. 진화론을 비판적으로 바라보던 측에서 인간이 원숭이로부터 진화했다는 것을 받아들일 수 없다고 주장하면서, 이 재판은 '원숭이 재판Monkey Trial'이라는 별명까지 얻게 되었다.

당시 이 사건은 방송으로 중계될 정도로 사람들의 이목을 집중시켰다. 또 이 재판을 보기 위해 오천여 명이 몰려들어 재판이 야외에서

열릴 정도였다고 한다. 과학 교사를 기소했던 검사는 성서는 단 한 글자도 틀림이 없다고 주장하였으며, 변호인은 진화론 교육을 금지하는 것은 반문명적 발상이라며 치열한 논쟁을 벌였다. 결과는 검사 측의 승리로 끝났으며, 진화론 교육을 금지하는 법률은 1967년까지 유지되었다. 이 사건은 1960년 〈침묵의 소리Inherit the wind〉라는 제목의 영화로 만들어지기도 하였다. 이 사건은 인간의 합리적이고 과학적 사유와 종교적 사유가 충돌하는 계기가 되었다. 이와 동시에 창조론과 종말론에 대한 서구인의 믿음이 얼마나 깊은지 보여 주었다.

이러한 창조론과 종말론적 사유에서는 결코 성聖과 속俗이 하나일 수 없다. 파라다이스는 지향의 대상이지만, 현재의 삶은 극복의 대상이기 때문이다. 성과 속을 철저히 분리하는 사유에는 긍정적인 면과 부정적인 면이 동시에 존재한다. 현실을 힘들어하는 사람들에게 파라다이스에 대한 희망은 그들이 현재의 고통을 이겨 낼 수 있는 힘이 되기도 한다. 현재의 상황이 아무리 힘들고 괴로워도 그것을 참고 견디면서 신을 믿고 의지하는 생활을 하다 보면 심판의 그날에 영생이라는 보상을 받을 수 있다는 것이다. 실제로 이렇게 믿으며 신앙생활을 하는 사람들을 우리 주위에서 많이 볼 수 있다.

반면 부정적인 면을 간과할 수 없다. 성과 속을 분리하는 사유는 삶의 지향점이 미래에 있다고 생각하기에 현실을 소홀히 하고 현재 삶의 가치를 무의미하게 느낄 수 있다. 가족 간의 사랑이나 친구들

간의 우정, 열심히 땀을 흘리고 난 뒤 느끼는 보람, 일상에서 느끼는 소소한 즐거움과 행복 등을 가볍게 여길 수 있다는 것이다. 실제로 오로지 천국만을 생각하면서 신앙생활에 몰두한 나머지 가정 일에 소홀한 경우를 주위에서 볼 수 있다. 심지어 파라다이스에 대한 지나친 믿음이 가족 간의 불화로 이어져 가정의 파탄을 가져오는 경우도 있다. 이는 삶의 가치를 심판의 그날에 두고 현재의 삶을 무가치하게 생각한 결과다.

물론 기독교에서도 성과 속이 둘이 아님을 강조하고 현실에서 파라다이스를 구현하려는 경향이 있지만, 소수의 의견으로 취급돼 그리 주목받지 못하고 있다. 이들은 부조리한 현실을 그저 참고 견디는 것이 아니라, 적극적으로 참여해 고치려는 경향을 보인다. 내가 사는 이 땅이 곧 성스러운 곳이라는 인식이 자리하고 있는 것이다. 따라서 그들의 지향점은 저 높은 곳이 아니라 오히려 낮은 곳에 있다.

파라다이스는 바로 여기에

불교 내에도 종말론과 유사한 사유가 있다. 56억 7천만 년 뒤에 미래불로 불리는 미륵불이 이 세상에 내려와서 모든 중생을 구제하고 파라다이스를 구현한다는 정토 신앙이 그것이다. 다만 정토 신앙과 종말론은 구원의 대상 면에서 차이를 보인다. 종말론은 신을 믿는 자만 구원을 얻는다고 주장하는 데 반해 정토 신앙은 그와 관계없이 모든 중생을 구원한다고 주장한다. 정토의 세계 역시 인간이 상상할 수 없는 온갖 즐거움과 행복으로 가득한 파라다이스임은 두말할 필요가 없다.

불교에서는 이를 사실보다는 상징적으로 해석하는 경향이 훨씬 더 강하다. 그래서 정토는 먼 미래가 아니라 지금 여기에 있다고 강조하거나 혹은 내 마음이 곧 정토唯心淨土라고 해석한다. 정토는 먼 나라 얘기가 아니라 생생하게 살아 있는 우리의 현실이라는 것이다. 전북 익산에 있었던 미륵사 창건 설화는 이를 잘 보여 준다. 『삼국유사』를 보면 널리 알려진 것처럼 신라 출신으로 백제 무왕의 왕비가 된 선화공주가 그곳을 지나가다 미륵 삼존불을 친견하고 이를 기념하기 위해 미륵사를 창건했다고 전해진다. 몇 해 전 미륵사지 석탑을 해체하면서 새로운 문서가 발견돼 이 이야기가 설화로 남을 가능성이 많아졌지만, 그 설화에 담긴 당시 선인들의 사유마저 사라지는 것은 아니다.

백제 당시에 미륵 삼존불이 출현했다는 것은 이 땅이 곧 미륵 정토임을 상징적으로 보여 준다. 정토는 아주 먼 미래에 있는 세계가 아니라, 내가 사는 지금 이곳이라는 것이다. 이뿐만 아니라 오대산에 문수보살의 오만진신五萬眞身이 상주한다는 신앙도 우리가 사는 이곳이 바로 정토임을 보여 주는 예다. 이처럼 이 땅, 즉 세속이 곧 성스러운 곳이라면 이곳을 성스럽게 가꾸려는 노력이 중요하다. 전통적 불교의 례인 백고좌회百高座會나 팔관회八關會 등은 본래 이런 취지에서 시작된 것이었다.

흔히 한국불교의 특징을 호국불교에서 찾는 경향이 많다. 그러나 '나라를 지킨다護國.'는 말에는 좀 더 깊은 의미가 담겨 있다. 그것은 바로 내가 살고 있는 이 나라가 파라다이스이기 때문에 이곳을 누군가 더럽힌다면 당연히 지켜야 한다는 것이다. 임진왜란 때 승려들이 왜구를 물리치기 위해서 일어난 것은 조국을 위한 행동이기도 하지만, 그 사상적 바탕에는 이 땅이 곧 정토이기 때문에 지켜야 한다는 의미가 있다. 성과 속을 둘이 아니라 하나로 바라본 선인들의 사유를 엿볼 수 있는 부분이다.

우리는 영원한 지금을 산다

성과 속이 둘이 아님을 보여 주는 불교영화로 〈달마야 놀자〉가 있다. 이 영화는 세속을 대표하는 조직 폭력배들이 성스러움을 상징하는 사찰에 들어오면서 겪는 이야기를 담은 것이다. 처음에 폭력배들이 절에 들어오자 승려들은 온갖 방법을 동원해서 그들을 내치려고 한다. 승려들은 성과 속이 둘이라고 보고, 가장 추악한 깡패들이 성스러운 곳을 더럽힌다고 생각했기 때문이다. 그러나 나중에는 더럽고 부조리로 가득한 세속의 세계가 다름 아닌 성스러운 곳임을 깨닫고 그들을 포용하게 된다.

이 영화의 속편인 〈달마야 서울 가자〉의 마지막 장면은 이를 매우 극적으로 보여 준다. 절을 허물고 빌딩을 세우려는 폭력배와 절을 지키려는 승려들 간의 갈등이 이 한 장면으로 화해되는 것이다. 바로 높은 빌딩 위에 사찰이 세워진 장면이 그것이다. 이것은 빌딩이라는 세속과 사찰이라는 성스러움이 둘이 아닌 한 몸이라는 것을 상징적으로 보여 준다. 불교의 상징이라 할 수 있는 연꽃 역시 이렇게 하나인 바탕을 잘 보여 준다. 맑고 깨끗한 연꽃이 지탱하는 것은 다름 아닌 진흙으로 상징되는 더러운 세속이다. 그 진흙은 버려야 할 대상이 아니라 연꽃과 한 몸이다. 속이 곧 성이요, 성이 곧 속이기 때문에 현실의 세계를 버리고 파라다이스로 향하는 것이 아니라 세속에서 파라다이스를 구현한다는 것이다.

반복되는 말이지만 성과 속, 현실과 파라다이스를 하나로 보는 시선과 둘로 보는 시선 가운데 어느 쪽이 옳다고 단정하기는 힘들다. 그러나 분명한 것은 그 선택에 따라 자신의 삶의 내용과 의미가 달라진다는 점이다. 성과 속을 바라보는 두 시선은 결국 삶의 중심을 어디에

두느냐에 있다. 삶의 중심을 먼 미래의 파라다이스에 둔다면 현실의
가치가 하찮게 보일 수 있다. 불교는 삶의 중심을 미래가 아닌 현재에
두는 종교다. 무상이나 무아 역시 과거나 미래가 아니라 현재의 순간
순간의 삶에 의미를 두는 가르침이다. 우리는 영원한 지금eternal now
을 살고 있기 때문이다. 우리가 사는 지금 이곳은 영원한 파라다이스
가 압축된 성스러운 공간이다.

　내가 좋아하는 팝송 중에 크리스 디 버그Chris De Burgh가 부른
〈Here is your paradise〉라는 제목의 노래가 있다. 여기에서 그는 이렇
게 노래한다.

　　　여기가 당신의 파라다이스랍니다. Here is your paradise.
　　　이곳이 당신 삶의 터전이에요. Here is your book of life.
　　　당신과 내가 영원히 함께할 이곳이 Where you and I will be
　　　forevermore.

17

넘을 수 없는
카테고리의 벽

이 성 **vs** **신 앙**

이성이란 무엇인가?

이성을 사전에서 찾아보니 '개념적으로 사유하는 능력을 감각적 능력에 상대하여 이르는 말'이라고 되어 있다. 감정에 의존하지 않고 논리적으로 생각하는 능력이란 뜻이다. 인간을 생각하는 동물이라고 정의하는 것도 감성보다는 이성에서 인간의 본질을 찾으려는 경향이 반영된 것이다. 그래서인지 감정에 취해 제멋대로 행동하는 사람에게 우리는 이성을 찾으라는 말로 충고하기도 한다.

이처럼 이성은 논리적으로 사유할 수 있는 능력을 의미한다. 그렇다면 논리적 사유란 무엇일까? 이 질문에 가장 먼저 떠오르는 것은 아마도 학창 시절에 많이 들은 삼단 논법일 것이다. 이 논증을 통해 우리는 소크라테스를 참으로 많이도 죽였다. 미안하지만 오늘도 죽여야 할 것 같다.

대전제 : 모든 인간은 죽는다.

소전제 : 소크라테스는 인간이다.

결론 : 따라서 소크라테스는 죽는다.

전제와 결론으로 이루어진 진술을 우리는 논증argument이라고 한다. 그리고 전제가 결론을 뒷받침할 때 그 논증은 타당하다valid고 하며, 반대로 전제가 결론을 뒷받침하지 못하면 부당한invalid 논증이 된다. 따라서 타당한 논증은 전제가 옳으면 결론이 옳을 수밖에 없다. 위의 논증은 모든 인간은 죽고 소크라테스는 인간이라는 전제가 옳기 때문에, 소크라테스가 죽는다는 결론은 옳을 수밖에 없는 타당한 논증이 된다.

그런데 우리의 사유와 논리는 반대로 움직인다는 사실에 주목할 필요가 있다. 즉 논리는 전제를 통해 결론을 이끌어 내지만, 사유는 결론을 내리고 이를 뒷받침하기 위해 전제나 이유를 찾는다는 것이다.

위의 예처럼 누군가 소크라테스는 죽는다고 주장했다고 해 보자. 이 주장에 아무런 이의를 제기하지 않았다면 모르지만, 누군가 왜 소크라테스는 죽느냐는 물음을 던질 수 있다. 이 질문에 답하기 위해서는 모든 인간은 죽고, 소크라테스는 인간이기 때문이라는 이유를 찾는 과정이 필요하다. 이처럼 어떤 주장을 하고, 그것을 뒷받침하기 위한 이유나 전제를 찾는 능력이 바로 이성이다. 이성을 영어로 이유라는 의미의 'reason'이라고 하는 까닭도 여기에 있다.

그렇다면 종교적 주장들은 논리적 사유를 통해 타당한 결론을 이끌어 낼 수 있을까? 예컨대 누군가 '신은 존재한다.'거나 '전생은 존재한다.'고 주장했다고 하자. 이러한 주장을 뒷받침할 만한 전제들이 있고 그 전제들이 옳다면, 위의 주장들은 타당한 논증이 되며 당연히 사실로서 입지를 굳힐 수 있을 것이다. 실제로 그렇게 생각한 신학자들이 서구 중세에는 많았다. 그들은 인간의 이성을 통해 신을 증명할 수 있다고 보고 존재론적 증명이나 우주론적 증명, 도덕론적 증명이라는 이름 아래 수없이 많은 시도를 했다. 불교에서도 전생이 존재한다는 것을 증명하기 위한 시도가 없었던 것은 아니다. 예컨대 사람에게 최면을 걸면 자신이 태어나기 이전의 일들에 대해 말하는 경우가 있다. 이런 예들을 근거로 전생이 존재한다고 주장하는 것이다.

과연 종교를 이성으로 접근하는 일이 정당한 것일까? 아니 종교적 주장을 뒷받침하는 정당화 과정이 가능하기나 한 것일까? 이성과 신앙이라는 카테고리의 벽을 넘으려는 이러한 시도를 우리는 어떻게 바라봐야 할까?

검증의 세계

과학은 가설을 세우고 이를 증명하기 위해 실험이나 관찰 등의 방법을 동원한다. 그래서 검증을 통해 가설이 입증되었을 때, 가설은 사실이나 법칙으로 인정을 받는다. 예컨대 중세사회에서 지구가 둥글다는 가설은 검증의 과정을 확보할 수 없었기 때문에 사실로서 대접받지 못했다. 하지만 오늘날에는 확실한 증거가 있기 때문에 사실로서 인정받는다. 이처럼 과학은 철저한 검증의 과정을 통해 사실과 거짓의 문제를 비교적 쉽게 해결할 수 있다. 만약 확실한 검증이 이루어지지 않는다면 사실에 대한 판단을 유보하면 된다.

    이러한 검증의 문제는 일상에서도 쉽게 발견할 수 있다. 누군가 '밖에 비가 온다.'라고 주장하면, 이는 검증을 통해 얼마든지 사실 여부를 밝힐 수 있다. 실제로 밖에 나가면 곧바로 확인이 가능하기 때문이다. 만약 밖에 비가 내린다면 그 주장은 사실true이 되며, 비가 내리지 않는다면 그 주장은 거짓false이 된다. 이처럼 검증을 통해 사실과 거짓을 확인할 수 있는 진술을 우리는 명제라고 부른다. 즉 명제는 사실이거나 거짓이거나 둘 중 하나여야 한다. 그래서 '밖에 비가 온다.'는 진술은 명제이지만, '신은 존재한다.'는 진술은 명제가 아니다. 검증을 통해 사실인지 아닌지 확인할 수 없기 때문이다.

그런데 신학자들이 이에 대해 격렬하게 태클을 걸었다. 신의 존재도 얼마든지 검증이 가능하다고 주장한 것이다. 인간의 이성을 통해 신의 존재를 증명하려는 입장을 자연 신학Natural Theology이라 부른다. 이것을 자연적natural이라고 부르는 이유는 신의 자기 계시가 없어도 인간의 이성을 통해 신을 아는 것이 '자연스럽다'고 생각했기 때문이다. 이성에 대한 자신감을 엿볼 수 있는 대목이다. 앞서 언급한 존재론적 증명이나 우주론적 증명은 바로 이성, 즉 논리적 사유를 통해 신의 존재를 증명하려는 시도라 할 수 있다. 한 가지 예를 들어 보자. 존재론적 증명으로 불리는 체계를 삼단 논법으로 정리하면 다음과 같다.

대전제 : 신은 완전자이다.
소전제 : 완전하기 위해서는 생각 속에서뿐만 아니라 실제로
　　　　도 존재해야 한다.
결　론 : 따라서 신은 존재한다.

조금 어렵게 느낄 수 있지만, 쉽게 설명하면 이렇다. 예를 들어 어린아이가 미술 시간에 바나나를 그렸다고 하자. 그렇다면 그림 속 바나나와 실제 바나나 중 어느 것이 더 완전하다고 할 수 있을까? 당연히 실제로 먹을 수 있는 바나나가 더 완전하다. 즉 더 완전하기 위해서는 생각이나 그림에서만 존재하는 것이 아니라 실제로도 존재해야 한다. 신의 존재도 이와 같이 실제로 존재해야 완전자라는 신의 본질과 일치할 수 있다는 것이다. 따라서 신은 존재한다는 결론이 자연스럽게 도출된다.

그러나 이 논증이 신의 존재를 증명했다고 믿는 사람은 별로 없다. 이것은 타당한 논증이 아니기 때문이다. 결론이 타당하려면 전제들의 진리성이 확보되어야 한다. 즉 전제들이 옳아야 한다는 것이다. 그런데 신이 완전자라는 것이 옳다는 것을 어떻게 증명할 수 있을까? 존재론적 증명은 이미 전제에서 신이 존재한다는 것을 가정하고 있을 뿐이다. 존재론적 증명은 우리의 이성이 신을 증명할 수 있다고 믿는 사람들의 지적 호기 외에 다름이 아니다.

증명이라는 이름을 걸고 신의 존재를 밝히려는 시도는 무려 중세 천년 동안이나 이어진다. 그러나 모두 실패로 끝난다. 이를 통해 어느 정도 공감이 이루어진 부분이 있다. 그것은 바로 신은 검증의 대상이 아니라 믿음의 대상이라는 것이다. 즉 이성과 신앙은 범주category가 다르다는 것이다. 따라서 검증할 수 없는 신의 문제를 이성을 통해 검증하려는 태도는 일종의 난센스인 것이다. 만약 지구가 둥글다는 사실처럼 신의 존재가 검증될 수 있다면, 이를 믿지 않는 사람이 어디 있겠는가.

신앙의 세계

이처럼 이성과 신앙은 넘을 수 없는 카테고리의 벽이 존재한다. 종교로서의 불교 역시 마찬가지다. 전생이나 윤회는 인간의 이성을 통해 검증할 수 있는 문제가 아니다. 앞서 언급한 것처럼 최면 요법 등을 통해 전생을 증명했다는 주장 역시 매우 위험한 발상이다. 그것 역시 검증이라고 할 수 없기 때문이다. 또 부분적인 문제로 전체를 일반화하는 오류를 범할 수도 있다.

'윤회를 어떻게 볼 것인가?' 부분에서 잠시 언급한 것처럼, 나의 전생이 꽃사슴이었는지 아니면 티베트 승려였는지 검증할 수 있는 방법은 없다. 한때 출가해서 승려의 삶을 살았던 친구에게 보인 내 전생의 모습도 사실인지 아닌지 확인할 길이 없다. 다만 선택만 있을 뿐이다. 그것을 믿느냐 믿지 않느냐 하는 선택 말이다. 줄곧 강조한 말이지만, 그 선택에 따라 자신의 삶의 내용과 의미가 다를 수 있다는 점에서 그 중요성을 인정할 수 있다.

그렇다면 불교에서 믿음은 어떤 의미일까? 불교의 모든 의식은
삼귀의三歸依로 시작해서 사홍서원四弘誓願으로 마친다. 즉 신앙의 대
상에게 귀의함으로서 시작하고 모든 중생을 구제하겠다는 서원을 마
음에 새기면서 마친다는 것이다. 여기에서 믿음의 대상은 바로 붓다佛
와 그의 가르침法 그리고 승가僧이다. 이 셋을 가리켜 세 가지 보배, 즉
삼보三寶라고 부른다. 불교의 신앙은 이 삼보를 중심으로 이루어지며,
이를 믿고 철저히 수행하면 불교의 궁극적 목적인 깨달음에 이를 수
있다고 한다. 그래서 믿음은 여러 곳에서 강조된다. 『화엄경』에서는
믿음의 중요성을 이렇게 말한다.

> 믿음은 도의 근원이요 공덕의 어머니며 信爲道元功德母
> 일체 선법을 자라게 하며, 增長一切諸善法 *
> 모든 의혹을 모두 끊어 없애어 除滅一切諸疑惑
> 위없는 도를 열어 밝게 드러낸다. 示顯開發無上道

이에 따르면 믿음은 깨달음을 향해 나아가는 데 있어서 가장 근원
적인 요소이다. 붓다와 그 가르침을 믿음으로써 모든 공덕과 선법이
자랄 수 있고 궁극적으로는 번뇌 망상에서 벗어나 위없는 깨달음을

성취할 수 있다는 것이다. 불교의 목적인 깨달음은 인간의 이성으로 도달할 수 있는 세계가 아니다. 그것은 믿음과 실천信行을 통해 존재의 실상, 즉 연기와 무아 · 무상의 이치를 깨침으로써 가능한 것이다.

또 믿음은 현실의 나를 변화시키는 원동력이라 할 수 있다. 두텁게 쌓인 자아의 껍질이 신행을 통해 깨지는 체험이 바로 깨달음이다. 자아가 깨질 때 다른 모든 대상과 하나가 될 수 있으며, 그럴 때 비로소 사랑이 나올 수 있다. 동체자비同體慈悲는 이를 두고 하는 말이다. 동체는 자아가 깨지는 체험이며, 자비는 그로부터 나오는 사랑의 실천이다. 자비를 영어로 'compassion'이라 하는데, 이는 '함께com 아파한다passion'는 뜻이다. 즉 그와 나는 한 몸同體이기 때문에 그의 아픔이 곧 나의 아픔이 된다는 의미다. 깨달음은 이성이 아니라 믿음과 수행을 통해 가능하다는 것이 불교적 입장이다.

불교인을 가리켜 흔히 불자佛子라고 한다. 붓다의 자식이라는 뜻이다. 자식은 부모를 닮기 마련이다. 따라서 믿음을 통해 붓다를 닮아가는 삶이 모든 불자가 추구해야 할 일이다. 그것이 무엇이겠는가? 이기적인 나, 소아적인 나를 버리고 이타적인 나로, 참다운 나로 살아가는 일이다. 서로 사랑하면서 말이다. 기독교에서도 그들의 신앙 대상인 신을 가리켜 아버지라고 부른다. 그렇다면 사람들은 모두 신의 성품을 이어받은 자식들이다. 그 성품을 이어받아 이기적인 나를 버리고 이타적인 삶을 살다 간 대표적 인물이 바로 그리스도이다. 그렇기 때문에 기독교 입장에서 신앙이란 자식으로서 아버지를 닮아 가는 삶, 그리스도를 닮아 가는 삶이라 할 것이다. 그것이 다른 이들에 대한 사랑의 실천임은 말할 것도 없다.

종교는 과학이 아니다. 불교 역시 마찬가지다. 종교는 실험이나 관찰을 통해 어떤 사실이나 법칙을 이끌어 내는 과학적 체계가 아니라, 신앙을 통해 진정한 삶의 의미를 모색해 보는 체계이다. 그렇기 때문에 무리하게 인간의 이성을 동원해서 검증할 수 없는 문제를 증명하려는 시도는 무의미할 수밖에 없다. 종교를 이성의 눈이 아닌 신앙의 눈으로 보는 이유도 바로 여기에 있다.

오늘날 종교를 믿는 일부 과학자들이 자신들의 전공을 살려서 신의 존재나 창조론의 정당성을 증명하려는 시도를 하고 있다. 이런 모습을 볼 때마다 안타까움이 밀려올 때가 많다. 그들은 중세 서구에서 범했던 오류를 똑같이 반복하고 있다. 그 역사적 교훈을 잊지 않았으면 좋겠다. 과학을 통해 종교를 증명하려는 태도는 왜곡된 신앙이 가져온 결과라 아니 할 수 없다. 다시 한번 강조하지만 종교는 과학이 아니라 삶의 의미를 성찰함으로서 삶의 질적 변화를 모색하는 가르침이다.

18

종교 언어의
진실

사 실 VS 상 징

언어에는 맥락이 있다

웰빙 바람을 타고 산을 찾는 사람들이 부쩍 많아졌다. 주말이면 이름
난 산에는 많은 사람으로 발 디딜 틈이 없을 정도다. 그런데 그 멋진
산에 올라 아름다운 자연을 감상하면서 마시는 한잔의 막걸리는 어떤
맛일까? 누군가는 '시원하다.'고 할 것이며, 또 다른 사람은 '죽인다.'
혹은 '끝내준다.'고 할 것이다. 그 시원함을 어찌 표현할지 몰라 그저
'아!' 하면서 감탄사를 연발하는 사람도 있다.

과연 어느 표현이 그 사람이 느끼는 감정을 정확히 나타낸다고 할 수 있을까? 여기서 주목할 것은 '죽인다.'거나 '끝내준다.' 등의 표현이 '술맛'이라는 범주와 어울리지 않는다는 사실이다. 이것은 마치 사과 맛이 파랗다고 말하는 것과 같다. 파랗다는 것은 색깔이라는 범주에서 사용하는 표현인데, 이것을 맛이라는 범주에 적용하면 이상하게 들린다. 이것을 흔히 범주의 오류category mistake라고 부른다. 술을 마실 때는 그 맛이 '쓰다'거나 '달다' 아니면 '맛있다'거나 '맛없다'는 등의 표현이 어울린다.

그러나 이런 표현으로는 자신의 감정을 상대에게 제대로 전달할 수 없다. 그래서 우리는 다른 범주의 용어들을 동원하여 자신의 마음을 표현하는 것이다. 그럴 때 산 정상에서 느낀 그 맛을 훨씬 더 생생하게 전달할 수 있다. 시나 소설 등의 문학 작품에서 비유나 은유, 상징 등이 많이 등장하는 것도 바로 이 때문이다. 이것들은 메마른 우리 삶을 촉촉하게 해 주는 단비 같은 역할을 한다.

이처럼 은유나 상징을 동원해서 어떤 상태를 표현해도 그 속내를 정확히 읽어 내기는 어렵다. 비트겐슈타인은 "말할 수 있는 것은 명료하게 말하라. 그러나 말할 수 없는 것에 관해서는 침묵을 지켜야 한다."는 유명한 말을 남겼다. 그에 의하면 당사자가 모두 확인할 수 있는 것에 한해서만 우리는 말할 수 있다. 예를 들어 두 친구가 찻집에 앉아 커피를 마신다고 가정해 보자. 한 친구가 문득 창밖을 보니 새로 생긴 치킨집이 눈에 들어왔다. 그래서 '어, 저기 치킨집이 새로 생겼네.'라고 말하는 것은 가능하다. 두 사람 모두 확인할 수 있기 때문이다. 반면 비트겐슈타인의 말대로라면 종교적인 것이나 개인의 속내와 관련된 것들은 말할 수 없는 것이다. 앞에서 언급한 '끝내준다.'거나 '죽인다.'는 것을 비롯해서 '너는 떠나간 연인 때문에 지금 이성을 잃고 있어.' 등이 이에 해당할 것이다. 개인적인 속내도 이러한데, '신은 인간을 사랑한다.'와 같은 종교적인 것들이야 말할 것이 있겠는가.

언어의 일차적 의미는 어떤 대상이나 현상을 지시reference하는 데 있다는 것은 말할 필요도 없다. 그러나 세계는 이것만으로 이루어지는 곳이 아니다. 비트겐슈타인은 후기에 이르러 언어가 사용되는use 맥락에서 그 의미를 찾으려고 하였다. 우리는 더운 여름날 샤워를 하고 나서 '시원하다.'고 말한다. 또 과음한 다음날 땀을 뻘뻘 흘리며 뜨거운 해장국을 먹고 나서도 '시원하다.'고 말한다. 샤워를 함으로써 몸에 가득했던 더운 기운이 가시는 것과 해장국을 먹음으로써 전날 과음으로 인한 술기운이 가시는 것은 동일한 언어를 사용했더라도 분명 의미가 다르다. 이처럼 같은 언어라도 그것이 사용되는 맥락에 따라 그 의미는 얼마든지 달라질 수 있다. 따라서 어느 하나의 의미만 고집한다면 우리의 삶에 많은 문제가 발생할 수밖에 없다는 것이 그가 성찰한 언어의 의미다.

종교를 언급할 때 이는 매우 중요하다. 모든 종교의 성전에는 여러 상징이나 비유 등이 등장하고, 또 그것들이 사용되는 맥락에 따라 의미가 달라질 수 있기 때문이다. 종교마다 여러 종파가 있는 것도 언어적 맥락을 서로 다르게 해석하기 때문이 아니던가. 말로 표현할 수도 없고 논증을 통해 검증할 수도 없는 종교적 언어를 다룰 때는 그래서 신중할 수밖에 없다. 그런데 표현된 그대로를 모두 사실로 믿는 이들이 있고, 그것은 사실이 아니라 상징이기 때문에 그 안에 담긴 속내와 의미를 읽어 내는 것이 중요하다고 말하는 이들도 있다. 우리는 이 민감하고도 어려운 문제를 어떻게 보아야 할까?

쓰인 그대로가 사실이라고?

일반적으로 종교에는 신앙의 대상인 교주와 그의 가르침인 교리 그리고 이를 믿고 따르는 교단이 있기 마련이다. 이것을 흔히 종교를 구성하는 삼대 요소라고 한다. 물론 힌두교처럼 정형화된 교단이 없는 종교도 있지만 불교나 기독교, 이슬람교 같은 경우에는 이 요소를 충실히 갖추고 있다. 이 가운데 교리는 문자로 기록된 성전聖典으로써 이를 믿고 따르는 사람들에겐 특별한 의미를 가진다.

그러다 보니 성전에 표현된 문자 자체에 지나치게 집착하는 경우가 많다. 즉 거기에 표현된 것을 시간과 공간을 초월한 진리 그 자체로 믿는다는 것이다. 이것을 흔히 문자주의라고 한다. 원숭이 재판에서 살펴본 것처럼 문자주의에 충실한 사람들은 성서에는 단 한 글자도 틀린 것이 없다고 굳게 믿는다. 그래서 이와 조금만 다르게 주장하면 이단으로 취급하며 온갖 비난을 서슴지 않는다. 조선 시대의 이념인 성리학도 예외는 아니었다. 그들은 주자가 쓴 저술의 내용과 조금이라도 다른 주장을 하면 사문난적斯文亂賊, 즉 유교의 도리를 어지럽히는 도적이라 해서 사회적으로 매장을 시켰다. 그래서 같은 유교인데도 주자와는 다른 길을 걸었던 양명학陽明學은 소외될 수밖에 없었다. 이 역시 유교식 문자주의라 할 수 있다.

어느 종교를 막론하고 성전에 표현된 것은 시대와 문화적 상황에서 나온 것임을 간과해서는 안 된다. 만약 그리스도가 우리나라에서 태어났다면 히브리어가 아닌 한국어로 표현했을 것이며, 붓다가 고대 인도가 아닌 중세 유럽에서 태어났다면 그 시대와 문화에 어울리는 가르침을 펼쳤을 것이다. 즉 모든 성전에 표현된 것은 그들이 사용한 언어와 시대 그리고 특정 문화라는 상대성이 반영될 수밖에 없다는 것이다. 따라서 표현된 그대로를 시공을 초월한 진리 그 자체라고 보는 것은 상대적인 것을 절대화하는 오류라고 할 수 있다.

이러한 문자주의는 배타적이고 독선적인 태도를 낳을 수 있다. 문자로 표현된 것과 조금이라도 다르게 해석하면 이단으로 취급하기 때문이다. 나와 다르게 생각하는 것을 틀린 것으로 간주하여 적대시하는 것은 문자주의와 원리주의fundamentalism가 내포한 가장 큰 위험이다. 오늘날 일어나는 종교 간의 분쟁은 대개 다른 생각을 인정하지 않는 배타적이고 독선적인 태도에서 비롯된 것이다. 오늘날처럼 다원화된 사회에서 문자주의를 극복하는 일은 시대적 과제라 할 것이다.

우리가 일상에서 사용하는 언어를 일상 언어everyday language라 한다. 그러나 종교에서는 이와 다른 특수한 언어를 사용한다. 이를 종교 언어religious language 혹은 진리 언어dharma language라 한다. 심리학에서 사용하는 언어와 물리학에서 사용하는 언어가 같을 수는 없다. 심리학이나 물리학을 이해하기 위해서는 그 분야에서 사용하는 언어의 특징과 그 의미를 분명히 알아야 한다. 이와 마찬가지로 종교를 이해하기 위해서는 은유나 상징이 많이 동원될 수밖에 없는 종교 언어의 성격을 제대로 알아야 한다. 종교 언어를 일상 언어로 해석하면 그 의미를 올바로 파악할 수 없기 때문이다. 문자주의의 오류도 바로 종교 언어를 일상적 의미로 이해하는 데서 그 원인을 찾을 수 있다.

언젠가 한 불자佛子가 운영하는 식당에서 점심을 먹게 되었다. 마침 붓다의 탄생 설화에 대해서 이야기를 나누는데, 이를 옆에서 듣던 주인이 이렇게 말하는 것이다.

"아니, 부처님께서 마야 부인 옆구리에서 태어난 것이 사실 아닌

가요?"

순간 '아! 이분도 문자 그대로 이해하고 있구나.' 하는 느낌을 받았다. 불교 경전에서 붓다의 탄생을 이렇게 표현한 이유가 있는데, 그분은 문자 그대로 믿고 있었던 것이다. 붓다가 마야 부인의 옆구리에서 태어났다고 한 표현은 종교 언어이다. 그런데 이를 일상 언어로 해석하면 어떻게 될까? 아마 마야 부인의 배가 저절로 갈라졌거나 아니면 제왕절개 수술을 해서 싯다르타를 낳았다고 이해할 수 있을 것이다. 이렇게 되면 그 말에 담긴 의미를 제대로 읽어 낼 수 없다. 그렇다면 종교 언어는 어떻게 읽어야 하는 것일까?

우물을 벗어난 개구리

일상 언어와 종교 언어에는 간극이 있기 마련이다. 이 간극을 이해하는 데 도움을 주는 이야기가 있다. 원로 종교학자인 오강남 교수의 『열린 종교를 위한 단상』에는 우물 안 개구리 이야기가 나온다. 잠깐 소개하자면 이렇다.

우물 안에는 여러 개구리가 살고 있었다. 그들은 우물이라는 일정한 공간을 통해서만 세계를 인식하기 때문에 하늘도 그 안에서는 그리 크다고 느끼지 못한다. 이 조그만 공간에서 개구리들 대부분이 만족하면서 살았는데, 유독 한 개구리가 이에 만족하지 못하고 우물 밖으로 나가려고 하였다. 그래서 온 힘을 다해 뛰어 봤지만 이내 떨어지고 말았다. 무엇 때문에 그렇게 뛰느냐는 주위의 핀잔에도 불구하고 그는 계속해서 우물 밖을 나가려고 하였다. 그에게는 우물 밖 세상을 보는 것이 삶의 이유였던 것이다.

소원이 간절하면 이루어진다고 하던가? 마침내 기적이 일어났다. 그가 우물 밖으로 나가게 된 것이다. 우물 밖의 하늘은 안에서 보는 것과 달리 끝없이 펼쳐져 있고, 전혀 상상할 수 없던 멋진 신세계가 그 앞에 놓여 있었다. 그는 말문이 막혀 그저 '아!' 하는 탄성 이외에 그 어떤 말도 할 수 없었다. 그는 새로운 세계와의 만남을 맘껏 즐긴다. 저 넓은 들판에서 힘껏 달려 보고 그러다 지치면 냇가에서 목욕을 하였다. 그리고 졸음이 밀려오면 나무 그늘에서 낮잠을 자다가 새들의 노랫소리에 잠에서 깨기도 하였다.

그러다 문득 우물 안에 있는 벗들이 생각났다. 그들도 이 멋진 세계를 느껴 봤으면 하는 바람이 있었던 것이다. 그래서 다시 우물 안으로 돌아와 벗들에게 자신이 체험한 세계를 이야기하기 시작했다. 그런데 큰 문제가 생겼다. 다른 개구리들이 자신의 말을 전혀 이해하지 못하는 것이다. 그들이 저 넓은 들판이며 시냇물이며 나무들을 어떻게 이해하겠는가? 본 적이 한 번도 없으니 말이다. 개구리는 어떻게 하면 저들이 그 세계를 이해할 수 있을까를 고민했다. 마침내 그는 자신이 뛰어다녔던 들판이 얼마나 넓은지 벗들에게 이렇게 설명한다. 내 배의 '두 배'만큼이나 넓다고 말이다. 그제야 벗들은 고개를 끄덕이면서 이해하기 시작했다.

이게 무슨 코미디 같은 얘기냐고 하는 사람도 있을 것이다. 개구리 배의 두 배만 한 들판은 현실적으로 존재하지 않기 때문이다. 그런데 개구리는 왜 '두 배'라고 표현했을까? 그것은 바로 우물 안에서 가장 큰 숫자가 '2'였기 때문이다. 즉 개구리는 들판의 실재reality와는 다르지만 벗들이 이해할 수 있는 방식으로 설명했던 것이다. 만약 우물 안에서 가장 큰 숫자가 5나 10이었다면 들판의 크기를 다섯 배 혹은 열 배라고 표현했을 것이다.

이 이야기에서 결코 놓쳐서는 안 되는 것이 있다. 그것은 바로 '두 배'라는 표현은 실재와는 다르다는 사실이다. '두 배'는 들판의 실제 크기가 아니라 벗들의 이해를 돕기 위해서 동원된 방편이다. 이를 우리는 상징symbol이라고 부른다. 눈치챘겠지만 우물 밖을 나간 개구리는 그리스도나 붓다와 같이 종교 체험을 한 인물을 비유한 것이다. 그들은 자신들의 우물 밖 체험을 도저히 말로 표현할 수 없었다. 그 체험 자체가 언어와 사유를 넘은 것이기도 하지만 무엇보다도 우리가 우물 안에 살고 있기 때문이다. 그래서 그들은 여러 상징이나 은유, 비유 등을 통해 우리가 이해할 수 있도록 설명한 것이다. 그것들을 모아 놓은 것이 바로 성전이다.

'두 배'라는 표현을 문자적으로 이해해서 실제로 들판의 크기가 개구리 배의 두 배라고 생각하는 것은 크나큰 오류일 수밖에 없다. 성전에 표현된 것을 문자 그대로 이해해서는 안 되는 이유가 여기에 있다. 중요한 것은 문자 그대로가 아니라 상징 너머에 있는 의미다. 그것을 이해하고 실재의 세계를 체험하려는 노력이 중요한 것이다. 그것이 진정한 의미의 종교적 삶이 아닐까?

상징 속에 담긴 의미를 읽다

오늘날 같은 종교인데도 해석이 다르다는 이유로 소중한 생명이 너무도 많이 죽어 가고 있다. 지금도 중동 지역은 '종교'라는 이름의 화약이 불타오르고 있다. 그것은 마치 성전에 '두 배'라고 표현되었으므로 '다섯 배'라는 해석은 틀리다고 말하는 것과 같다. 어떤 우물에서는 2라는 숫자가 가장 클지 몰라도 다른 우물에서는 5라는 숫자가 가장 클 수 있다. 그것이 바로 시대와 문화, 역사, 언어라는 상대성이다. 이를 간과한 채 문자주의에 매달리는 것은 다른 것을 인정하지 않으려는 배타적인 태도 이외에 다른 것이 아니다.

앞서 살펴본 것처럼 종교 언어는 상징이나 은유 등이 동원될 수밖에 없다. 그리고 모든 종교의 성전은 그것의 총집합체라고 해도 과언이 아니다. 따라서 문자 자체가 아니라 그 너머에 있는 의미가 무엇인지 진지하게 모색하는 일이 중요하다. 붓다가 마야 부인의 옆구리에서 태어났다는 것은 고대 인도라는 특수성에 나온 표현 방식이다. 출생 신분을 중시하는 인도인은 사제인 바라문은 머리에서, 왕족인 크샤트리아는 옆구리에서, 평민인 바이샤는 허벅지에서 그리고 천민인 수드라는 발바닥에서 태어난다고 생각하였다. 붓다의 탄생을 기록한 작가는 인도인의 오래된 믿음을 동원해서 그의 신분이 왕족임을 상징적으로 표현한 것이다. '붓다가 마야 부인의 옆구리에서 태어났다.'고 말하고 '그의 신분이 왕족이다.'라고 읽을 줄 아는 것, 이것이 바로 문자 너머 의미를 이해하는 인문학적 지성이다.

19

자신이 믿는 종교만
제일인가?

닫힌 종교 **VS** 열린 종교

때로는 불편한 종교학 수업

대학에 종교학과가 별도로 없는 경우 종교학 수업은 대개 철학과에서
담당한다. 아마도 철학이 종교학과 가장 인접한 분야라는 인식 때문
인 것 같다. 그런데 가장 이성적이고 합리적이라는 철학이 신앙을 중
심으로 하는 종교 관련 분야를 담당한다는 것이 어찌 보면 어울리지
않을 수도 있다. 물론 학문으로서 종교학은 종교에 대한 과학적 접근
이며 철학 분야에 종교 철학이 있는 것은 사실이다. 하지만 물과 기름

처럼 보이는 이성과 신앙이 잘 만날 수 있을까 하는 걱정이 드는 것 또한 사실이다. 그 때문인지 수업 현장에서는 간혹 난처한 일이 벌어지기도 한다.

어느 종교학 수업 시간에 있었던 일을 소개한다. 한 교수가 종교 다원주의를 강의하는데, 갑자기 한 학생이 일어서더니 큰소리로 '사탄아, 물러가라.'고 외치면서 강의실을 나가더라는 것이다. 강의를 하던 교수는 너무도 황당한 일을 당해서인지 그 이후부터 종교학 강의가 그리 편치만은 않았다고 한다. 나도 이와 비슷한 경험을 한 적이 있다. 역시 종교 다원주의에 대한 강의를 하는데, 한 학생이 일어나더니 강의실 문을 발로 세게 차면서 나가는 것이다. 자신의 신앙으로는 도저히 용납되지 않았던 모양이었다. 지성의 전당이라는 대학에서도 종교의 위력은 역시 대단했다.

나는 종교 다원주의에 대한 학생들의 생각을 알고 싶어서 학기말이 되면 이 주제에 대한 자신의 입장을 정리해서 제출하라는 과제를 내주곤 했다. 리포트를 분석해 보면 매년 비슷한 결과가 나온다. 구원에 이르는 길은 여럿일 수 있다는 입장과 그 길은 오직 하나밖에 없다는 입장으로 분명하게 구분된다. 불교와 가톨릭을 믿는 학생들은 이 주제에 대해 비교적 관대한 편인데 비해 개신교를 믿는 학생은 쉽게 받아들이지 못한다. 심지어 종교 다원주의는 악마의 교설이니 절대로 가르쳐서는 안 된다는 입장을 강력하게 피력하기도 하였다.

자신과 다른 종교를 포용하지 못하는 태도를 접할 때마다 종교는 참으로 무섭다는 생각이 들기도 한다. 지나간 역사를 살펴보면 얼마나 많은 생명이 신앙이라는 이름으로 죽었는가? 그리고 그 살생의 역사는 오늘날에도 중동을 비롯한 각지에서 진행되고 있으니, 이처럼 무서운 것이 또 있을까 싶다. 한 가정에서도 종교가 다르다는 이유로 많은 갈등이 빚어지고 있으며 이로 인해 깊은 상처를 입기도 한다. 종교가 갈등을 조정하고 아픈 상처를 어루만지는 역할을 해야 하는데, 오히려 갈등을 부추기고 상처를 입히니 뭔가 잘못되어도 크게 잘못되고 있다는 생각이다.

특히 장례나 제사 의식을 치를 때면 이러한 갈등이 심하게 표출되는 경우가 많다. 누군가는 불교식으로 해야 한다고 주장하고, 또 누군가는 기독교식이나 유교식으로 해야 한다고 하면서 갈등이 깊어지는 것이다. 그것이 가족 간의 불화로 이어지고 때로는 서로에게 씻을 수 없는 상흔을 남기기도 한다.

오늘날 우리는 다원화된 사회에서 살고 있다. 종교 역시 예외는 아니다. 이런 상황에서 우리는 어떤 시각을 가져야 하며, 이에 대한 불교의 입장은 무엇일까?

배타주의는 닫힌 종교다

종교학자인 존 힉John Hick, 1922~2012은 종교의 다원성에 접근하는 방법을 배타주의와 포괄주의, 다원주의 세 가지로 정리하였다. 먼저 배타주의는 글자 그대로 자신의 입장과 다른 주장이나 의견을 인정하지 않는다. 이들은 종교의 목적인 구원이 오직 하나의 종교에서만 가능하다고 주장한다. 즉 세계와 인간을 창조한 신의 은총에 의해서만 구원이 가능하다는 것이다. 따라서 자신이 믿는 신앙과 다른 것은 그른 것으로 간주하여 적대시한다. 이처럼 자신과 다른 입장을 적으로 간주하면, 그 적은 자신에게는 위험의 대상이기 때문에 당연히 물리쳐야 한다는 결론에 도달한다. 오늘날 중동 지역에서의 종교 분쟁이나 우리나라에서 이웃 종교의 상징물을 훼손하는 행위들 모두 이런 배타적인 태도에서 비롯된 것이다.

둘째로 포괄주의는 신은 다양한 장소에서 다양한 방식으로 그 자신을 드러내고 은혜를 베풀기 때문에 자신의 방식과 다르다고 해도 폭넓게 수용할 수 있다는 입장이다. 예를 들어 내가 불교를 신앙하는 것은 결국 기독교 신을 믿는 또 다른 방식이라는 것이다. 즉 나는 불교인이지만 실제로는 '익명의 기독교인'인 것이다. 그런 점에서 보면 우리가 어떤 종교를 가졌다고 해도 그것은 기독교를 신앙하는 것과 다르지 않다고 할 수 있다.

특정 종교가 배타주의와 포괄주의를 택하고 있다고 규정하기는 힘들다. 같은 종교 내에서도 종교를 바라보는 눈이 서로 다르기 때문이다. 그래서 같은 개신교인도 어떤 사람은 배타적인 태도를 보이며, 또 다른 사람은 포괄주의나 앞으로 설명하게 될 다원주의를 지향하는 경우도 있다.

그러나 우리나라의 경우 많은 개신교인이 배타주의적 태도를 지녔다는 것을 부인하기 힘들 것이다. 대표적인 예로 사람들이 다니는 길 한가운데에서 '예수천당 불신지옥'을 외치는 경우를 들 수 있다. 이것을 일부의 현상으로 볼 수 없는 이유는 이러한 일이 전국에서 빈번히 일어나기 때문이다. 이런 현상은 대학가 주변에서도 어렵지 않게 목격할 수 있다. 이뿐만 아니라 불상에다 빨간색으로 십자가를 그려 놓는가 하면 사찰에 있는 불교문화재를 훼손한다거나 심지어는 절에 불을 질러 전소시키는 일도 종종 발생한다. 전국에 목 부분이 잘려나간 석불은 그 수를 헤아릴 수 없을 정도다. 몇 해 전 어느 교회 신도들이 서울 삼성동에 있는 봉은사에 와서 법당이 무너지라고 기도한 일이 있다. 이른바 '봉은사 땅 밟기' 사건은 배타주의가 어떤 형태로 드러나는지 적나라하게 보여 준 사례다. 이런 현상은 자신과 다른 종교는 인정할 수 없다는 배타주의의 전형이라 할 것이다.

몇 해 전 어느 교회의 목사와 신도들이 서울에 있는 한 사찰에 와서 개신교인의 그릇된 행위를 참회하는 예배를 보았다고 한다. 이 기사를 읽으면서 그들의 용기에 박수를 쳐 주고 싶었다. 결코 쉽지만은 않은 결정으로 보였기 때문이다. 누군가는 어떻게 개신교 목사가 신도들을 이끌고 우상 숭배의 소굴에 가서 예배를 볼 수 있느냐고 비난을 퍼부었지만, 내게는 매우 아름다운 장면으로 보였다.

배타주의는 한마디로 말하면 닫힌 종교라고 할 수 있다. 이것은 자신이 정한 절대적 권위에 무조건 복종해야 한다고 말한다. 왜냐하면 구원은 오직 신이라는 권위에 의해서만 가능하기 때문이다. 그것이 곧 모든 종교의 정답이므로 이와 다른 주장은 결코 수용할 수 없다는 것이다. 그들에게 다른different 것은 곧 틀린false 것이 된다. 진리에 대한 독선이 나올 수밖에 없는 이유다.

다원주의는 열린 종교다

다원주의는 다른 종교를 통해서도 구원이 가능하다는 입장이다. 왜냐하면 구원에 이르는 길은 여럿일 수 있기 때문이다. 예를 들어 부산에서 서울을 간다고 하자. 여러 교통수단을 이용할 수 있다. 비행기도 있고, 기차나 버스 등 여러 수단을 통해 우리는 서울에 갈 수 있다. 그 교통수단이 바로 종교다. 기독교라는 기차, 이슬람교라는 버스, 불교라는 비행기 등 다양한 수단을 통해 서울이라는 구원의 땅에 이를 수 있다는 것이 다원주의의 기본 입장이다. 따라서 어느 한 종교를 통해서만 구원이 가능하다는 주장은 부산에서 서울로 가는 교통수단이 오직 기차뿐이라고 주장하는 것과 같다.

종교 다원주의를 수용하지 못하는 사람들은 대개 이렇게 말한다. 다른 교통수단을 이용해서 서울 입구까지 갈 수는 있지만, 그 안으로는 들어갈 수 없다고 말이다. 왜냐하면 서울 안으로 들어갈 수 있는 티켓은 오직 하나밖에 없기 때문이다. 그 하나의 티켓이 바로 그리스도라는 것이다. 따라서 다른 티켓을 가진 사람은 구원이라는 입구에서 모두 거절될 수밖에 없다. 버스나 비행기를 이용한 승객은 당연히 지옥으로 떨어질 것이다. '예수천당 불신지옥'은 바로 이를 두고 하는 말이다.

배타주의자가 이처럼 하나의 수단에만 매달리는 이유는 무엇일까? 그것은 그들이 성전에 표현된 그대로를 절대적이라고 믿기 때문이다. 우물 안 개구리 이야기에서 살펴본 것처럼 각각의 우물에 따라 '두 배' 혹은 '다섯 배'라고 표현할 수 있는데, 오직 '두 배'만이 절대적 진리라고 주장한다. 따라서 '다섯 배'라는 수단은 틀린 것이므로 그것을 믿어서는 결코 우물 밖으로 나갈 수 없다는 것이다. 어찌 보면 그들에게 '두 배'는 단순한 수단이 아니라 목적 그 자체라 할 수 있다. 그러니 더욱 더 집착할 수밖에 없는 것이다.

불교란 무엇인가 불교란 무엇이 아닌가

그렇다면 불교는 어떤 입장을 취할까? 물론 불교인 중에서도 불교만이 유일한 길이라고 믿는 사람이 있다. 그래서 다른 종교를 포용하지 못하고 배타적인 태도를 취하기도 한다. 그러나 불교는 다른 종교에 비하면 그 배타성 정도가 그리 심하지는 않은 편이다. 그것은 붓다라는 인물 자체가 매우 개방적이며 열린 태도를 보였기 때문이 아닐까 싶다.『사유경蛇喩經』이라는 경전에는 이런 대목이 나온다.

> "교법을 배워 그 뜻을 안 이후에는 버려야 할 것이지, 집착할 것이 아니다. 너희들은 이 뗏목처럼 내가 말한 교법까지도 버리지 않으면 안 된다. 하물며 법 아닌 것이야 말할 것이 있겠는가."

여기에서 붓다는 종교를 뗏목에 비유하고 있음을 알 수 있다. 괴로움이 가득한 이곳此岸에서 평화와 행복이 가득한 저곳彼岸으로 강을 건너가기 위해서는 뗏목이 필요하다. 그 뗏목이라는 수단이 바로 종교다. 그 뗏목은 크기도 각각 다를 수 있으며, 모양도 여러 가지일 수 있다. 그런데 어느 특정한 뗏목을 통해서만 강을 건널 수 있다고 주장한다면 그것은 독선일 수밖에 없다. '길은 여럿'이라는 것이 붓다의 기본 입장이다.

다원화된 사회에서 사는 오늘날에는 이러한 열린 태도가 더욱 더

요청된다. 실존주의 철학자로 유명한 칼 야스퍼스 Karl Jaspers, 1883~1969
는 "불교는 종교라는 이름으로 다른 종교를 탄압하고 폭력이나 종교
재판, 종교 전쟁을 일으키지 않은 유일한 종교"라고 말하였다. 이것이
가능했던 가장 큰 이유는 바로 종교에 대한 열린 태도 때문이다. 내가
타고 가는 뗏목이 소중하다면 다른 이가 타고 건너는 수단 역시 존중
할 줄 알아야 한다는 것이다.

　인도를 최초로 통일했던 아소카 대왕은 불교에 귀의했지만 다른
종교를 포용하고 존중하는 정책을 폈다. 그는 "신앙의 이름으로 또
자기 신앙을 영광되게 하기 위해 스스로의 신앙을 높이고 다른 이의
신앙을 비하한다면 그는 반대로 그 자신의 신앙을 먼저 해치는 것"이
라고 하였다. 우리나라 지도자들이 종교 편향 문제를 일으킬 때마다
아소카 왕의 이 말이 자꾸 떠오른다. 지도자란 모름지기 이런 열린 태
도를 가져야 한다.

　'테이스터스 초이스 Taster's choice'라는 커피가 있다. 그 커피를 마
시는 것은 소비자의 선택이다. 이 말은 종교에 그대로 적용해도 좋을
만큼 마음에 와 닿는다. 원두커피를 마실지 아니면 설탕과 크림을 넣
어서 마실지를 결정하는 것은 전적으로 커피를 마시는 사람의 자유
로운 선택이다. 내가 에스프레소를 좋아한다고 해서 아메리카노를
마시는 사람에게 '그것은 물을 탄 것이므로 커피가 아니야. 내가 마시
는 커피를 마셔야 해.'라고 말한다면 그것은 독선 이외에 다른 것이

아니다. 내가 선택한 커피가 소중하듯 다른 이가 마시는 커피도 존중해야 한다. 자신에게 맞는 신앙을 선택하는 것은 종교의 상식이자 기본이다.

한국 천주교의 발상지로 알려진 경기도 여주의 주어사지走魚寺趾가 옛 모습으로 복원된다고 한다. 천주학을 엄격하게 금지했던 조선 후기에 이곳 승려들은 천주교 신자들에게 공부할 수 있는 공간을 빌려주는 등 많은 편의를 제공하였다. 당시 조선은 천주학을 믿으면 참형에 처할 정도로 살벌했다. 승려들은 목숨을 걸고 이웃 종교 신자들을 지켜 준 셈이다. 실제로 1801년에 일어난 신유박해 때 주어사의 산내 암자로 추정되는 천진암 승려들 십여 명이 천주교도를 숨겨 준 죄로 참수당하고 이 절도 폐사되었다. 이 역사가 우리에게 주는 종교적 의미를 놓쳐서는 안 될 것이다. 자신과 다른 길을 걷는 사람들을 포용할 수 있는 마음, 그것이 곧 다원주의이며 열린 종교이다. 종교 갈등으로 몸살을 앓는 오늘날 이곳 주어사지가 종교 간의 상생을 도모하는 만남의 광장으로 복원되었으면 하는 바람을 가져 본다.

20

불교는
신비주의인가?

가 짜 신 비 **VS** **진 짜 신 비**

신비주의 마케팅

언제부턴가 연예계에 신비주의라는 말이 유행하기 시작했다. 자신을 공개하지 않음으로써 대중으로 하여금 궁금증을 유발시키는 일종의 마케팅 전략이라 할 것이다. 모습을 드러내지 않을수록 사람들은 그에 대해 더 많은 관심을 보이기 마련이다. 이런 심리를 마케팅에 이용하는 것이다. 그리고 결정적일 때 모습을 드러냄으로써 효과를 극대화시키는 것이다. 가수들이 신곡을 발표할 때도 이런 전략을 자주 이용한다. 이미 전설이 된 가수 서태지는 자신을 거의 드러내지 않지만 대중은 늘 그를 궁금해 한다. 그래서 사람들은 그를 신비스럽게 생각하곤 한다.

텔레비전을 보다가 연예인이 신비주의라는 말을 사용할 때마다 마음이 불편했다. 신비주의라는 말의 의미가 이런 식으로 고착되지는 않을까 염려되기 때문이다. 언어라는 게 사람들이 특정 의미로 많이 사용하다 보면, 본래의 뜻은 사라지고 엉뚱한 내용이 자리를 잡을 수 있다. 앞에서 언급한 것처럼, 종교의 본래적 의미는 사라지고 서양의 종교 의미가 사람들에게 각인된 것처럼 말이다. 언어는 사회적 약속이며 약속은 언제든지 바꿀 수 있다지만, 본래의 의미를 소중히 간직해야 할 것도 있다. 신비주의도 이에 속한다 할 것이다. 거기에 담긴 의미가 너무 거룩하다고 여기는 까닭이다.

신비주의를 종교와 관련해서 이해하다 보면 많은 오해가 생기기도 한다. 불교나 기독교 할 것 없이 자신들의 종교에 대한 믿음이 크다 보면, '신비하다'는 말을 그리 달갑게 여기지 않는다. 자신들이 믿는 대상이나 가르침은 객관적 사실이며, 너무나도 분명하다고 믿기 때문이다. 뭔가 분명하지 않은 것 같은 느낌을 주는 신비주의를 고운 시선으로 보지 않는 것이다. 그래서인지 신비주의는 거의 모든 종교에서 주류가 아닌 비주류 취급을 받아 왔다.

언젠가 충청북도 영동에 위치한 눌의산을 찾은 적이 있다. 마침

비가 내렸는데, 이에 아랑곳하지 않고 정상까지 올라갔다. 온몸이 땀과 비로 범벅이 되었지만, 정상에서 바라보는 눌의산 풍경은 정말이지 너무나 아름다웠다. 구름이 산을 감아 도는 모습이 마치 한 폭의 산수화를 감상하는 느낌이었다. 산과 구름, 그곳에 서 있는 나와의 경계가 모두 사라지고 온통 하나인 것 같았다. 순간 내 입에서 '아, 신비하다!'는 말이 절로 나왔다. 그때 어설프지만 '신비'라는 말은 이럴 때 쓰는 용어가 아닌가 하는 생각을 하였다. 지금도 그때의 감흥을 잊을 수 없다.

종교의 역사에서 신비주의는 소수의 의견이나 이단으로 취급되기도 하였다. 그래서 이를 주장했던 사람들은 목숨을 잃는 경우가 많았다. 특히 기독교와 이슬람교에서 이런 경우가 많았는데, 그것은 그들이 공통적으로 신과의 합일合一을 주장했기 때문이다. 그들을 이단으로 취급한 사람들은 어떻게 피조물인 인간이 창조주인 신과 하나가 될 수 있느냐고 생각했다. 그것은 자신이 곧 신이라는 주장이기 때문에 일종의 신성 모독죄에 해당한다고 생각했던 것이다.

그렇다면 신비주의의 본래 의미는 어떤 것이며, 불교와 신비주의는 어떤 관계일까? 불교에서도 신비주의는 비주류로 취급되는데, 그 어떤 선입견도 버리고 있는 그대로 볼 필요가 있다.

가짜 신비

영국 교육자이자 철학자 월터 테렌스 스테이스Walter Terence Stace , 1886~ 1967에 의하면 신비주의란 개별자와 일자 一者 혹은 순간과 영원 등 대립적인 것이 하나로 통일된 것을 다루는 종교와 철학을 통칭하는 말이다. 여기에서 핵심은 상대적인 모든 것이 초월된 '하나one'인 체험에 있다. 나와 타자, 인간과 자연 등 모든 상대적인 것이 소멸되면 대상은 독립적인 존재가 아니라 나와 하나인 존재로 인식된다. 그러한 상태를 신비 의식이라고 하는데, 이는 신비 체험을 통해서 가능하다. 그리고 이러한 체험은 문화에 따라 서로 다른 방식으로 나타난다. 예컨대 불교에서는 그러한 체험을 깨달음이나 열반으로 표현하지만, 기독교에서는 신과의 합일 등으로 표현한다.

그런데 스테이스는 일반적으로 우리가 신비하다고 말하는 현상은 신비주가 아니라고 단호하게 주장한다. 즉 가짜 신비주의라는 것이다. 먼저 그는 분명하지 못한 것이나 애매모호한 것은 신비주의가 아니라고 한다. 신비주의를 영어로 미스티시즘mysticism이라고 하는데, 이는 안개나 구름이 끼었다는 의미의 미스티misty와 발음이 유사하다. 안개가 자욱하게 낀 상태에서는 앞에 있는 사물이 분명하게 보이지 않는다. 이러한 발음상의 유사성 때문에 서구 사회에서는 신비주의를 분명하지 못한 것으로 인식한다는 것이다. 그러나 신비주의에는 분명하지 못한 것이나 애매모호한 것이 없다고 한다.

둘째로 그는 강신술이나 유령, 심령 현상 같은 초자연적 현상은 신비주의와 관계가 없다고 한다. 이는 우리가 흔히 신비주의라고 생각하는 것들이다. 우리나라 사람들 중에는 무당이 산 자와 죽은 자를 연결해 준다고 믿는 이들이 있다. 그래서 누군가 죽었을 때 무당의 몸을 빌려 대화를 하기도 한다. 이때 고인이 살아 있을 때와 유사한 몸짓이나 목소리 등이 무당의 몸을 통해 표출된다고 믿는다. 이를 통해 산 자와 죽은 자 사이에 못 다한 얘기를 나눔으로써 가슴에 남은 한을 풀고 위로를 받는다고 한다. 이것이 사실이든 아니든 관계없이 이런 현상이 신비주의와 관계가 없다는 것이 스테이스의 주장이다.

셋째로 신의 현시나 계시 등도 신비주의와 관계가 없다고 한다. 기독교의 전통에 따르면 인간이 신에 대해 알 수 있는 방법은 두 가지가 있다. 하나는 인간의 이성이고 또 다른 하나는 신의 계시다. 인간이 이성을 통해 신에 관한 지식을 아는 것을 자연 신학이라 부르고 신의 계시를 통해 그에 관한 정보를 아는 것을 계시 신학이라 한다. 계시는 인간의 의지가 아니라 신이 자신의 모습을 드러냄으로써 가능하다. 신탁神託 역시 신의 계시에 해당된다. 우리가 흔히 신비하다고 말하는 계시나 현시 현상 역시 신비주의가 아니라고 스테이스는 말한다.

사람들이 신비주의를 부정적으로 보는 이유는 그것이 심령이나 신의 계시와 같은 초자연적 현상과 관계가 있다고 믿기 때문이다. 그러나 신비주의를 연구하는 사람들은 공통적으로 이런 현상과 신비주의를 결부시키는 것에 동의하지 않는다. 신비주의의 본질과 거리가 멀기 때문이다. 앞서 언급한 것처럼 신비주의는 신이나 자연 대상과의 합일unity이 핵심이기 때문이다. 합일을 통해서 대상과의 차이가 소멸되고 일상 의식과 전혀 다른 새로운 의식이 나타난다는 것이 신비주의에서 강조하는 것이다. 그들은 무조건적이고 왜곡된 신앙이 난무하는 세속 종교에서 벗어나 한층 성숙된 종교로 발전하기 위해서는 신비주의적 종교 이해가 필요하다고 믿는다.

진짜 신비 그리고 불교

그렇다면 신비주의가 중요한 이유는 어디에 있을까? 그것은 바로 신비 체험을 통해서 주체와 대상과의 차이가 소멸되고, 그럼으로써 진정한 사랑이 나오기 때문이다. '이웃을 내 몸처럼 사랑하라.'는 것도 이런 차원에서 이해할 수 있다. 진정한 사랑은 나와 이웃이 둘인 상태에서는 불가능하다. 자선 행위는 될 수 있지만 진정한 사랑은 아니다. 그것은 나와 이웃이 하나라는 의식으로 전환되었을 때 비로소 가능하다. 이처럼 신비 체험을 통해 자신의 이기심을 소멸시키고 사랑을 실천하면서 사는 삶이 진정한 종교적 삶이라고 신비주의자들은 강조한다.

신과의 합일을 말하는 사람들의 입장도 이러한 관점에서 이해될 수 있다. '신과의 합일' 하면 흔히 스스로 신이 됨으로서 자신을 높이려는 오만의 극치라고 생각하기 쉽다. 그러나 신과의 합일은 이기적으로 살아온 자신의 삶을 성찰하고 신을 닮아 가며 이타적으로 살아가겠다는 신앙 고백이다. 오만의 극치가 아니라 오히려 자기 낮춤, 겸손의 극치라 할 것이다. 신과의 합일은 자기가 없어지는 체험이기 때문이다. 이기적인 나를 죽이고 이타적인 나로 새롭게 태어나는 것은 나와 세계, 나와 신이 하나라는 신비 체험을 통해서 가능하다. 그것이 성숙된 신앙이라고 그들은 말한다. 이는 종교가 출세나 경제적 이익 등을 위한 이기적 신앙으로 변질된 오늘의 상황에서 큰 의미로 다가온다. 이것이 진짜 신비주의다.

그렇다면 불교는 신비주의라고 말할 수 있을까? 결론부터 말하면 '그렇다'고 할 수 있다. 이것은 불교의 본질에 충실했을 때 해당되는 말이다. 오늘날 사찰에서 점을 치는 일이나 천도 의식을 하는 것과는 상관이 없다. 오히려 이런 모습은 스테이스가 지적한 것처럼 신비주의라고 할 수 없다. 사람들이 불교의 이러한 모습을 보고 신비주의라고 말하는 것과는 본질적으로 다르다. 불교는 어느 종교보다도 신비주의에 가깝다.

불교는 붓다의 깨달음을 본질로 하는 종교다. 그런데 깨달음은 존재하는 모든 것은 나와 하나라는 것을 기본 내용으로 한다. 그것을 근본불교에서는 연기緣起라는 말로 표현했으며, 대승불교에서는 공空으로 해석했다. 어떤 표현을 쓰더라도 그것은 신비주의에서 강조하는 하나인 체험에 기반을 둔다. 열반이라는 것도 상대적인 의식으로 발생하는 탐욕과 성냄, 어리석음이 소멸된 평화와 자유를 의미한다. 한마디로 말해 불교의 깨달음과 열반이 곧 신비 체험인 것이다.

불교에서 깨달음이라는 종교 체험이 중요한 것은 이를 통해 삶의 질적인 변화가 가능하기 때문이다. 나와 세계를 둘이라고 보는 한 세계와의 소통은 요원한 일이다. 하나가 되었을 때 세계와 나는 진정한 관계를 맺을 수 있으며, 거기에서 사랑과 자비가 나오게 된다. 흔히 말하는 동체자비는 이러한 의미를 담고 있다. 한 몸同體이 되었을 때 비로소 자비慈悲가 나온다는 것이다. 불교에서 행하는 기도나 참선, 진언 등의 수행은 세계와의 합일을 위한 과정이다. 즉 이러한 행위는 신비 체험에 이르는 길로서의 의미를 지닌다는 것이다.

신비주의자들이 말하는 신비 의식은 우리의 일상적 감각이나 이해의 저편에 있으며, 그것은 나와 세계의 차이가 완전히 사라진 새로운 의식이다. 신비주의자들은 그것이 곧 진정한 자아이며, 우주적 생명과 동일하다고 말한다. 여기에서 중요한 것은 이러한 신비 체험을 통해 최고의 선善과 평화가 나온다는 것이다. 불교의 깨달음이 지향하는 것과 차이가 느껴지지 않는다. 깨달음은 '나'라는 의식이 소멸된 무아無我의 경지이며, 거기에서 비로소 진정한 선과 평화, 사랑이 나오기 때문이다. 이런 점에서 신비주의는 사랑과 평화가 나오는 궁극적 원인이라고 할 수 있다.

신비주의가 주관적이라는 평가도 있는 것이 사실이다. 신비 체험 자체가 일상적 언어와 의식을 넘어서 있기 때문이다. 그래서 그것을 객관적이고 논리적으로 정당화하기 어려운 측면이 있다. 그렇더라도 신비주의가 갖는 의미는 결코 퇴색되지 않는다. 거기에서 인류가 보편적으로 추구하는 평화나 사랑, 행복 등의 가치가 나오기 때문이다. 오늘날 중요한 문제로 인식되는 환경 문제나 인권 문제 등도 신비주의가 바탕이 되어야 한다. 인간이 자연을 둘로 보기 때문에 환경이 파괴되고 있으며, 인종이나 성을 차별하는 인권 문제도 그 근저에는 나와 다른 사람을 둘로 보는 이원적 세계관이 자리하기 때문이다. 인간과 자연, 나와 다른 사람이 하나라는 깨달음이 있을 때 비로소 이러한 문제를 근원적으로 해결할 수 있다. 그 바탕에 신비주의가 있다.

신비주의가 종교와 관련되지 않더라도 그 의미를 현대적으로 재해석해서 활용했으면 하는 바람이다. 누구나 산에 오르면 일상에서 느끼던 소아적 자신을 되돌아보게 된다. 그래서 별 거 아닌 일에 과민하게 반응했던 자신을 잠시 내려놓을 수 있다. 그리고 눈앞에 펼쳐진 산과 하늘, 구름이 곧 나와 하나임을 느끼면 과연 우리가 이기적인 시선으로 자연과 타인을 바라볼 수 있을까? 흔히 자연을 사랑하자고 말한다. 저 먼 아프리카에서 굶주림으로 죽어 가는 아이들에게 사랑의 손짓을 내밀자고도 말한다. 그런데 왜 사랑해야 하는 것일까? 본래 나와 자연, 나와 다른 사람이 하나이기 때문이다. 그 하나인 바탕을 신비주의가 제공해 준다면, 그것만으로도 신비주의는 오늘의 우리에게 충분한 의미가 있을 것이다.

타인의 아픔이 내 아픔으로 느껴지는 것은 신비로운 일이다. 지리산 중턱에 걸려 있는 구름이 너무 아름다워 나와 하나라고 느껴지는 것도 신비로운 일이다. 나와 관련이 없다고 생각했는데, 사실은 그렇지 않기 때문이다. 우리 안에는 모든 존재는 나와 더불어 하나라는 신비 의식이 본래부터 갖춰진 것이다. 그것을 신성神性이라 부르든 불성佛性이라 부르든 무슨 상관이겠는가? 우리의 삶 자체가 진짜 신비인 것을 말이다.

에필로그

첫 번째 이야기

불교 전체를 일관하는 메시지는 나와 세계는 더불어 존재할 수밖에 없다는 실상을 바로 보아야 한다는 것이다. 이것을 불교에서는 연기란 말로 압축하였다. 동체자비同體慈悲 역시 나와 너, 나와 세계가 둘이 아니라 서로 한 몸同體이기 때문에 서로 사랑해야 한다는 연기의 의미를 담고 있다. 이런 의미에서 볼 때 나의 말 한마디, 행동 하나는 다른 사람과 세계에 크고 작은 영향을 줄 수 있다. 말 한마디가 때로는 엄청난 상처가 되기도 하고 반대로 커다란 위안이 되는 것도 이와 같은 이치다. 따라서 연기에는 책임이 따를 수밖에 없다. 본문에서는 다루지 못했지만 연기와 책임, 사유에 관한 얘기를 하고 싶었다.

우리는 사유思惟를 다른 동물과 구별되는 인간만의 특별한 능력이라고 배워 왔다. 그런데 여기에 반론을 제기한 여성 철학자가 있다. 사유는 인간의 능력이 아니라 의무라는 것이다. 그녀의 이름은 한나 아렌트Hannah Arendt, 1906~1975이다. 그녀가 '생각하는 것'을 인간의 의무라고 강조한 이유는 어디에 있을까? 그녀의 속내를 들여다보자.

1961년 12월 예루살렘에서 육백만 명의 유대인을 학살한 아이히만Adolf Eichmann, 1906~1962의 재판이 열렸다. 그는 히틀러의 핵심 참모로서 유대인 학살에 깊이 관여한 인물이다. 그는 상부에서 내린 명령을 충실히 수행했을 뿐 자신은 죄가 없다고 법정에서 항변한다. 아렌트가 관찰한 바에 따르면, 그는 성실하고 정직한 이웃집 아저씨와 같았다고 한다. 심지어 그는 유대인에게 호감을 갖고 있었다. 그런데 왜 그는 이 엄청난 유대인 학살을 자행했을까? 당시 미국 잡지 〈뉴요커 The New Yorker〉의 부탁을 받고 재판을 취재한 아렌트는 이 사람의 진짜 죄가 무엇일까를 고민한다. 아이히만을 악마의 화신으로 여겼던 유대인에게 엄청난 실망을 안길 것을 알면서도 그녀는 『예루살렘의 아이히만』이라는 책에서 이렇게 말한다.

"그로 하여금 그 시대의 엄청난 범죄자들 가운데 한 사람이 되게 한 것은 '순전한 무사유 sheer thoughtlessness'였다……. 이러한 무사유가 인간 속에 존재하는 모든 악을 합친 것보다 더 많은 대파멸을 가져올 수 있다는 것, 이것이 사실상 예루살렘에서 배울 수 있는 교훈이었다."

　나치의 폭력으로 마음의 상처를 입기도 한 아렌트의 통찰에 가슴이 아려 온다. 그녀도 악마와 같은 그가 얼마나 미웠을까. 그런데도 그의 진짜 죄는 '순전한 무사유無思惟'라고 했기 때문이다. 즉 순진하게도 나와 세계에 대해 생각하지 않고 그저 열심히 살았다는 데서 그의 죄를 물은 것이다. 나의 행동이 다른 사람에게 어떤 상처를 주는지, 어떤 영향을 끼치는지 그리고 어떤 의미인지를 생각하지 않고 자신에게 주어진 임무에만 충실했다는 것이다. 그래서 그녀는 강조한다. 나의 말과 행동이 나를 둘러싼 세계에 어떤 영향과 의미를 가지는지 사유하는 것은 인간의 능력이 아니라 의무라고 말이다.

　문득 〈책 읽어주는 남자The Reader〉란 영화의 여주인공 한나의 외침이 생각난다. 그녀 역시 죄의 무게만 다를 뿐 아이히만과 같은 입장이었으니 말이다. 그녀는 유대인을 호송하던 도중 한 교회에 머물게 되는데, 미군의 폭격으로 교회에 불이 번졌는데도 밖에서 문을 잠가 안에 있던 사람들을 모두 죽게 한 죄로 재판을 받았다. 그녀는 재판 과정에서 자신의 임무는 유대인을 감시하는 일이며, 그 일을 충실히 했을 뿐인데 왜 자신에게 죄를 묻느냐고 항변한다. 이 여인 역시 자신의 행동이 유대인에게 어떤 고통과 아픔을 주는지 생각하지 않고, 그저 자신에게 맡겨진 일을 열심히 했던 것이다. 그리고 그녀의 순전한 무사유로 인해 수많은 유대인은 죽음을 피할 수 없었다. 그들의 고통을 한번만 생각했더라면 충분히 피할 수 있었는데도 말이다.

아렌트의 통찰처럼 왜 우리는 나의 행동이 다른 이에게 어떤 영향을 주는지를 생각해야 할까? 그것은 바로 나와 너는 서로 깊은 관계 속에서 더불어 사는 존재이기 때문이다. 그렇기 때문에 나의 행동은 어떤 식으로든 다른 사람과 세계에 영향을 주지 않을 수 없는 것이다. 이러한 아렌트의 통찰은 불교의 연기와 크게 다르지 않다. 우리는 연기론을 통해 사유의 의미와 책임을 함께 읽을 수 있어야 한다. 그것이 오늘의 문제의식을 갖고 불교를 해석하는 일이다.

두 번째 이야기

무상과 무아는 연기의 시공간적 해석이라고 본문에서 다루었다. 그런데 원고를 마치고 나서 문득 스티브 잡스의 다음 이야기가 생각났다.

> "우리가 아이패드를 만든 것은 애플이 항상 기술과 인문학의 갈림길에서 고민했기 때문에 가능했다."

우리가 늘 몸에 지니고 다니는 스마트폰의 완성은 스티브 잡스가 없었다면 불가능한 일이었다. 그런데 그것은 인문학적 사유가 바탕이 되지 않으면 나올 수 없는 것이었다. 문득 불교의 무아가 스마트폰과 많이 닮았다는 생각이 들었다. 무아는 본질에 대한 집착을 버리고 자유로운 사유를 가능하게 하는 원천이기 때문이다. 스마트폰이 아무리 기능이 다양해도, 그 본질은 전화기에서 찾아야 한다. 그 본래의 속성은 말할 것도 없이 '전화를 하는 데 쓰는' 것이니 말이다. 그런데 전화기의 본질만 고집했다면 그 안에 오디오와 텔레비전 같은 독립적인 본질을 가진 기기들을 담을 수 없었을 것이다. 전화기의 본질은 오디오의 본질과 다르기 때문이다. 스마트폰은 전화기의 본질은 물론 다양한 사물의 본질까지 담아낸, 말 그대로 똑똑한 전화기다. 이런 점에서 보면 스마트폰은 자아와 무아의 동거가 이루어 낸 인문학적 사유의 결정체라고 할 수 있다.

불교의 여러 사유는 우리 삶과 떼려야 뗄 수 없다. 다만 우리가 불교와 삶을 따로따로 떼어 놓고 생각하기 때문에 이 둘 사이의 간극이 벌어지는 것이다. 사찰에 머물 때의 고요와 평화를 일상에서 느낄 수 없는 것도 이 때문이 아닐까 싶다. 불교의 사유를 우리의 일상에서 느끼고 새롭게 해석하는 일이 곧 살아 있는 불교를 공부하는 것이 아닐까?

이러한 사유를 책으로 엮을 수 있었던 것은 머리말에서 언급한 것처럼 하나의 우연적 사건이 거기에서 끝나지 않고 인연이라는 결과로 이어졌기 때문이다. 지난겨울 출판 계약서를 쓰고 나서 매주 원고지

삼십여 매의 분량을 이메일로 보냈다. 그러는 과정에서 출판사 이상근 주간과 많은 대화를 나눈 것 같다. 그러면서 느낀 것은 저자와 편집자의 소통이 중요하다는 사실이다. 때로는 의견 차이도 있었지만, 대화를 통해 자연스럽게 그 간극을 줄여 나갈 수 있었다. 원고 쓰는 일에 지쳐서 꾀를 내려던 내 마음을 들켜 스스로 부끄럽기도 하였다. 이 책이 무사히 나올 수 있도록 격려해 준 이상근 주간에게 이 자리를 빌려 다시 한번 감사의 마음을 전하고 싶다.

마지막으로 이 책이 정신없이mindless 사는 우리의 모습을 되돌아보고 늘 깨어 있는mindful 삶을 사는 데 조금이라도 도움이 되었으면 하는 바람이다. 인문학은 다른 것이 아니라 정신없이 사는 나 자신을 성찰하고 정신 차리면서 살자는 공부이니 말이다. 성작산 아래에서 불어오는 바람이 참 좋다.

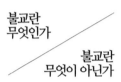

불교란
무엇인가

　　　불교란
　　　무엇이 아닌가

초판 1쇄 발행 2015년 2월 6일
　2쇄 발행 2017년 2월 24일

지은이　　　　**이일야**
펴낸이　　　　**오세룡**
기획 · 편집　　**박성화, 손미숙, 손수경, 박혜진, 이연희, 최은영, 김수정**
디자인　　　　**권진희, 고혜정, 김효선**
홍보 마케팅　**문성빈**

펴낸곳　　　　**담앤북스**
　　　　　　　서울시 종로구 사직로8길 34 (내수동) 경희궁의 아침 3단지 926호
대표전화　　　02)765-1251 전송 02)764-1251
전자우편　　　damnbooks@hanmail.net
출판등록　　　제300-2011-115호
ISBN　　　　　978-89-98946-44-9 (03220) | 정가 12,000원

이 도서의 국립중앙도서관 출판예정도서목록(CIP)은 서지정보유통지원시스템
홈페이지(http://seoji.nl.go.kr)와 국가자료공동목록시스템(http://www.nl.go.kr/kolisnet)에서
이용하실 수 있습니다. (CIP제어번호 : CIP2015001928)